Raquel Lazzari Leite Barbosa
Mônica Appezzato Pinazza
(Organizadoras)

Série *Artes de viver, conhecer e formar*

MODOS DE NARRAR A VIDA:

CINEMA, FOTOGRAFIA, LITERATURA E EDUCAÇÃO

CULTURA ACADÊMICA
Editora

Cultura Acadêmica Editora
Praça da Sé, 108
01001-900 – São Paulo/SP
Tel.: (0xx11) 3242-7171
Fax: (0xx11) 3242-7172
www.culturaacademica.com.br

Serviço de Biblioteca e Documentação
Faculdade de Educação da Universidade de São Paulo

M692 Modos de narrar a vida: cinema, fotografia, literatura e educação / Raquel Lazzari Leite Barbosa, Mônica Appezzato Pinazza, (orgs.) São Paulo : Cultura Acadêmica, 2010.
216 p. (Série Artes de Viver, conhecer e formar)

ISBN: 978-85-7983-058-7
Vários autores.

1. Educação 2. Autobiografias 3. Memória 4. Formação 5. Formação de professores 6. Autoformação I. Barbosa, Raquel Lazzari Leite, org. II. Pinazza, Mônica Appezzato , org.

CDD 22ed.: 370

Editora afiliada:

Asociación de Editoriales Universitarias de América Latina y el Caribe

Associação Brasileira de Editoras Universitárias

Sumário

Prefácio

"Educação é vida", disse-nos Dewey.

"Alguém, vós ou eu, avança e diz:
gostaria de aprender finalmente a viver".
Desse modo, Derrida iniciava Spectres de Marx.
(Aprender finalmente a viver, Jacques Derrida, entrevista com Jean Birnbaum, Coimbra: Ariadne, 2005.).

Em entrevista, no ano de sua morte, Derrida perguntou-se "Como aprender a viver?" Na mesma oportunidade, lembrou-nos:

> Aprender a viver é amadurecer, e também educar: ensinar aos outros e sobretudo a si mesmo. Apostrofar alguém para lhe dizer: "vou te ensinar a viver" significa, por vezes em tom de ameaça, vou te formar ou mesmo te domar. A seguir e o equívoco deste jogo importa-me ainda mais, este suspiro abre-se também a uma interrogação mais difícil: a viver, poderá isso aprender-se? Ensinar-se? (*Aprender finalmente a viver*, Jacques Derrida, entrevista com Jean Birnbaum, Coimbra: Ariadne, 2005.).

2010 conhece a edição de uma série de seis obras nas quais os autores empenham-se de formas absolutamente originais em constituir relações entre histórias de vida e educação. O tema vem servindo à proliferação de inúmeros estudos, desde algumas décadas. No

Brasil, há alguns anos, vemos frutificar apropriações bastante diferenciadas dos elos possíveis entre (auto)biografia e formação. O que pode parecer surpreendente é, decerto essa multiplicidade de apropriações que, inauguram, de modo incessante, perspectivas novas nessa área de pesquisa. Os seis livros aqui apresentados reúnem colaborações de autores da Suíça, França, Portugal, Dinamarca, Estados Unidos, Argentina, México, Canadá e Brasil. Seus títulos refletem sua riqueza e a organização de cada um dos livros aproxima, também, estudiosos de diversos pontos do país, como se pode constatar:

- *Sentidos, potencialidades e usos da (auto)biografia*. Organização de Paula Perin Vicentini e Maria Helena Menna Barreto Abrahão.
- *Invenções de vidas, compreensão de itinerários e alternativas de formação*. Organização de Maria da Conceição Passeggi e Vivian Batista da Silva.
- *Docência, Pesquisa e Aprendizagem: (auto)biografias como espaços de formação/investigação*. Organização de Dislane Zerbinatti Moraes e Rosario Silvana Genta Lugli.
- *Espaços, tempos e gerações: perspectivas (auto)biográficas*. Organização de Elizeu Clementino de Souza e Rita de Cassia Gallego.
- *Modos de narrar a vida: cinema, fotografia, literatura e educação*. Organização de Raquel Lazzari Leite Barbosa e Mônica Appezzato Pinazza.
- *Práticas de formação, memória e pesquisa (auto)biográfica*. Organização de Vera Lucia Gaspar e Jorge Luiz da Cunha.

A alusão aos títulos permite entrever, de saída, o potencial dos trabalhos que integram cada volume. Potencial esse que evidencia tanto as possibilidades analíticas e metodológicas do trabalho com narrativas, histórias de vida e (auto)biografias quanto a diversidade de objetos passíveis de serem conhecidos e compreendidos mediantes tais fontes. Ressalta-se ainda, a bifurcação das análises entre as que tematizam, de modo preferencial, as práticas de formação e as que investem sobre a geração de conhecimentos relativos à produção das investigações. Bifurcação estratégica, mas renovadamente superada na busca de maior compreensão dos problemas. Nessa mesma busca, as pesquisas (auto)biográficas alicerçam suas fundações no domínio da pedagogia, da história, da literatura, da psicologia, das artes, da filosofia e da antropologia. Pela eleição de objetos interdisciplinares, os estudos que a série de livros nos traz constroem-se para dar conta de questões como: artes da existência, aspectos da subjetividade, cuidados com o corpo, histórias de imigrantes, experiências de escrita, formação de professores e alunos e práticas de trabalho em sala de aula.

Os resultados de tais incursões agregam, assim, elementos importantes para análises da formação e suas práticas, das artes, das narrativas e dos processos de invenção da vida. Importa sublinhar aqui o fato dos trabalhos reunidos nos seis livros exprimirem, nesse momento, um ponto significativo na história do movimento internacional de pesquisa (auto)biográfica: momento de intensa produção e de grande diversidade de métodos e de fontes que, impõe ele próprio, a urgência da construção da história do movimento. (Auto) biografia e formação, história de vida e educação, docência e memória já constituíram, internacionalmente, uma produção de tal porte que importa conhecê-la em seus cruzamentos disciplinares, em sua cronologia, em seu intercâmbios, em suas modalidades de apropriação das ciências humanas e das artes. Que o conjunto das obras agora publicadas colabore para tal empreendimento e ao mesmo tempo faça proliferar o alcance de nossa compreensão sobre as questões que contempla! Tal é a nossa expectativa.

Denice B. Catani

São Paulo, maio de 2010.

Modos de narrar a vida: cinema, fotografia, literatura e educação: Apresentação

O livro que ora apresentamos, *Modos de Narrar a Vida: Cinema, Fotografia, Literatura e Educação*, anuncia algumas das principais tendências de pesquisa sobre os processos de construção de subjetividades e suas relações com as questões educacionais, mobilizando linguagens e espaços de narração de si muito frequentados nos dias atuais: a literatura em sentido amplo, a autobiografia em sentido estrito, histórias de vida, cinema e fotografia.

Uma parte das comunicações foi escrita em função dos núcleos de interesse propostos pelo *IV CIPA (Congresso Internacional de Pesquisa (Auto)biográfica)* em suas mesas-redondas *Imagem, Cotidiano e Memória*; *A vida como obra de arte e espaços (auto)biográficos*; *História, Memória e Documentação Narrativa*. Estão também transcritos os trabalhos associados aos minicursos oferecidos durante o Congresso por Helena Coharik Chamilian (*Pesquisa (Auto) Biográfica na formação para o ensino superior*), Helenise Sangoi Antunes (*Memórias de alfabetizadoras no ensino rural*) e Dislane Zerbinatti Moraes (*Fontes (auto)biográficas na pesquisa em educação: "um relógio solar histórico-sociológico"*).

Os textos foram divididos em três eixos temáticos: 1. *Artes de viver, artes de conhecer: literatura, fotografia, cinema*; 2. *Artes de narrar, artes de formar: espaços (auto)biográficos e educação*; 3. *Aproximações entre história de vida, subjetivação e formação.*

O eixo *Artes de viver, artes de conhecer: literatura, fotografia, cinema* inicia com o texto de Maria Helena Câmara Bastos (PPGE-PUCRS), que explora aspectos da mentalidade histórica e atitudes sociais sobre o feminino, o masculino e a virilidade, tendo como base duas obras de José de Assis Brasil: *A Educação da Mulher* (1912) e *O meu segredo de não envelhecer contado aos homens* (1944). Um importante aporte teórico são os estudos de Bourdieu, por meio dos quais a autora busca entender os mecanismos *históricos* responsáveis pela "*des-historicização*" e pela "*eternização*" das estruturas da divisão sexual e dos princípios de divisão correspondentes.

Dirceu Castilho Pacheco (UERJ) analisa as suas memórias de práticas docentes à luz dos procedimentos de investigação que pretendem dar visibilidade às histórias de vida e arquivos pessoais (escritos íntimos e fotografias conservadas através do tempo de vida profissional). Partindo dos textos de Michel de Certeau, sua intenção é apontar para o fato de que é possível criar conhecimento utilizando narrativas de práticas de indivíduos comuns.

Antonio Carlos Amorim (Faculdade de Educação da Unicamp) dá notícias de projetos de pesquisa do *Grupo de Estudos Humor Aquoso* e do *Laboratório de Estudos Audiovisuais (Olho)*, ambos estabelecidos na Unicamp. Em seus estudos sobre *Imagem e Educação*, especialmente sobre o Cinema, pauta-se pelas vertentes pós-estruturalistas que vão compreender a narrativa histórica como uma constante ficção do tempo presente e a construção do sujeito, se há essa possibilidade, dentro da rarefação produzida no "jogo da diferença" (Deleuze). Os estudos, pensados como provocações intelectuais, visam compreender políticas e questões educacionais, tendo como balizas fenômenos essenciais da sociedade contemporânea, tais como as experiências e fruição da arte e os múltiplos entendimentos do acontecimento (tempo da história).

No segundo eixo, *Artes de narrar, artes de formar: espaços (auto)biográficos e educação*, trazemos o estudo de Gabriel Jaime Murillo Arango (Universidade de Antioquia), o qual reflete sobre o valor dos relatos de experiência de mestres diante do empobrecimento e da segmentação da experiência na vida cotidiana. Com base no pensamento de Walter Benjamin, Gadamer e Paul Ricouer e das metodologias associadas à abordagem (auto)biográfica em iniciativas de formação, tece considerações sobre o espaço biográfico e a narração, compreendendo-os como meios privilegiados para dar voz aos sujeitos silenciados pelos dispositivos de saber e poder.

Valeska Fortes de Oliveira (Universidade Federal de Santa Maria, RS) narra as atividades do *Grupo de Estudos e Pesquisa em Educação e Imaginário Social*, tomando-o como objeto de pesquisa, ou seja, propondo-se a compreender se um grupo de pesquisa e estudos pode ser pensado como dispositivo de formação. Volta-se, portanto, sobre os processos de construção de saberes e de identidades engendrados em meio social constituído essencialmente de pesquisadores. Para tanto, buscou investigar os trajetos coletivos e individuais dos sujeitos do grupo, com vista a conhecer os sentidos e significados que definem esse espaço como formativo, bem como a identificar as aprendizagens nele construídas. Em suas análise insere suporte teórico sobre memórias, percepção, gosto e experiência, conhecimento científico e imaginário.

Dislane Zerbinatti Moraes (Faculdade de Educação da Universidade de São Paulo) propõe-se a discutir as abordagens e leituras que estão sendo feitas dos textos autobiográficos nos domínios da história da educação e formação de professores. Para aproximar-se às fontes, mobiliza os conceitos da sociologia sobre a questão da subjetividade dos textos autorreferenciados, e investiga as várias acepções que podem ser atribuídas às noções de espaço textual autobiográfico e de pacto de leitura autobiográfico. Demora-se, também, nas questões metodológicas e em exemplos de pesquisas com as fontes autobiográficas, em três situações distintas: como dados de pesquisa empírica sobre formação, fontes para a história da educação e objetos de estudos específicos.

No terceiro eixo *Aproximações entre História de vida, subjetivação e formação*, destaca-se o trabalho de Helena Coharick Chamlian (Faculdade de Educação da Universidade de São Paulo) sobre os desafios teóricos e práticos de experiências de pesquisa-formação de professores para o ensino superior. Utiliza o referencial teórico dos "Ateliês Biográficos de Projetos", desenvolvido por Christine Delory-Monberger e do "Aprendizado Biográfico", definido por Theodore Schulze. Ao analisar resultados dessa experiência efetuados no âmbito de um curso de pós-graduação da FEUSP, portanto com alunos em estágio de formação para o ensino superior, revela a fertilidade desses trabalhos. Isso pode ser constatado, em seu próprio texto, pela interessante categorização de tipos de aprendizagens manifestadas pelos alunos.

Ecleide Cunico Furlanetto (Universidade da Cidade de São Paulo) explora, em seu texto, possíveis aproximações entre as ideias de Individuação, Histórias de vida e Formação, em momento específico da trajetória biológica da vida, a idade adulta. Ao desenvolver o tema, efetua estudo exaustivo da noção de idade adulta, subjetivação e individuação, a partir da obra de Jung.

Teresa Rego (Faculdade de Educação da Universidade de São Paulo) investiga o problema da constituição da subjetividade em suas relações com a cultura, com as práticas educativas, com a memória e com as narrativas autobiográficas, considerando a escassez de estudos na área. Uma das principais contribuições do artigo é evidenciar o complexo processo de constituição de uma versão narrativa de si-mesmo, evidenciando o papel da internalização da cultura nesse processo.

Helenise Sangoi Antunes (Universidade Federal de Santa Maria – RS) estuda as lembranças de alfabetizadoras das escolas do campo (rurais) sobre as cartilhas utilizadas em processos de alfabetização. A autora lembra que a prática docente desenvolvida na sala de aula é resultante não só dos conhecimentos adquiridos durante a licenciatura, mas também da trajetória de vida e do saber da experiência. E mais, a atenção reflexiva sobre a prática docente desenvolvida no Ensino Fundamental, um dos lugares rememorados pelas professoras alfabetizadoras, deixa emergir os conhecimento e saberes construídos.

Raquel Lazzari Leite Barbosa – Universidade Estadual Paulista
Mônica Appezzato Pinazza – Universidade de São Paulo

Artes de viver, artes de conhecer: literatura, fotografia, cinema

Segredos de gênero: feminilidade e virilidade na obra de José de Assis Brasil

Maria Helena Câmara Bastos

Introdução

O presente estudo objetiva compreender aspectos da mentalidade e atitudes de uma época sobre questões de gênero, feminino e masculino, através de duas obras de José de Assis Brasil, que contribuíram para a circulação de representações sobre feminilidade e virilidade. Um importante aporte teórico são os estudos de Bourdieu a respeito dos "mecanismos *históricos* que são responsáveis pela *des-historicização* e pela *eternização* das estruturas da divisão sexual e dos princípios de divisão correspondentes" (1999, p. 5).

Analisa-se a obra *A Educação da Mulher* de Assis Brasil, publicada em 1912, pelas Officinas Graphicas da Livraria do Comércio, com 37 páginas. Foi escrita por solicitação de um colega, com o objetivo de "traçar-lhes um programa-horário, sobre a educação da mulher com o qual ele se desobrigasse do compromisso que imprudentemente tomara para com certo chefe de família no Rio de Janeiro, desejoso de bem-educar suas filhas" (1912, p.v).

A análise incorpora, também, a obra memorialística intitulada *O meu segredo de não envelhecer contado aos homens* (1944), autobiografia escrita quando tinha 79 anos, em *ortografia sônica*[1],

1. Ortografia sônica ou fonética é aquela que procura manter uma correspondência dois a dois entre as letras e os sons das palavras (HOUAISS, 2001, p. 2085).

de acordo com o som das letras/sílabas perceptíveis pelo ouvido humano, e, por este motivo, autorizada pelo então ministro Gustavo Capanema.

O estudo aborda o processo educativo e pedagógico presente no *corpus* discursivo das obras e destaca as representações de gênero emitidas pelo autor. O foco da análise é evidenciar a historicidade dos processos discursivos destinados a desenhar um perfil para o que se convencionou chamar de *mulher brasileira*. Trata-se de pensar como diferentes processos discursivos sobre as questões de gênero se relacionam e como contribuem para tecer e homogeneizar a memória de uma época. Procura também destacar a biografia do autor – a delimitação da sua perspectiva individual, a análise da sua origem social ou posição de classe, a revelação do seu projeto individual – que expressa o modo de existência, de circulação e de funcionamento dos discursos no interior de uma sociedade e, como tal, expressa representações codificadas de distintas formas sociais.

A leitura das obras é, no mínimo, emblemática por aquilo que permanece. No raiar do século XX, *intelectuais* ainda trazem questões que permearam discussões e produções no século XIX. No Brasil republicano, em que a obrigatoriedade do ensino é para ambos os sexos, em escolas e grupos escolares, esse opúsculo ainda recomenda para as famílias de classe social abastada a educação das mulheres no espaço doméstico, colocando-se contrário à coeducação nas escolas.

O autor

José de Assis Brasil – é filho natural de João de Assis Brasil e Maria da Conceição, neto de Francisco de Assis Brasil e Joaquina Teodora Brasil. Nasceu em 1864, na cidade de São Gabriel/RS, e faleceu em 8 de outubro de 1958, na cidade de São Paulo/SP. Foi Oficial do Exército e chegou ao posto de General de Brigada. Casou-se, em primeiras núpcias, com Matilde Soares Brasil, falecida em 11 de junho de 1908; tiveram os filhos Lauro de Assis Brasil, Márcio de Assis Brasil Paes, Floro de Assis Brasil. Casou-se, em segundas núpcias, com Augusta Bier, filha de Frederico Bier Sobrinho e de Cândida Marques Oliveira Bier; tiveram as filhas Leda de Assis Brasil e Liva de Assis Brasil.

É autor de várias obras: *Carta aberta*: sobre a escolha do Presidente da República para o quadriênio de 1814-1918, ao exmo Sr. Senador General José Gomes Pinheiro Machado (1913); *O cavalo que nos convém* (1920); *Os militares e a política* (1929); *Longevidade e virilidade* (1928), com o pseudônimo de Frogrân Tabajara. Fundou o jornal *A Denúncia* e colaborou em diversos periódicos do Rio de Janeiro (*O Paiz*, *Jornal do Comércio*), e de São Paulo (*Diário Popular*, *O São Paulo*, *Correio Paulistano*). Foi membro da Academia de Letras do Rio Grande do Sul (1912) e da Academia de Letras de São Paulo (1936).

De seus estudos, informa que, em 1879, foi para Pelotas estudar no colégio de Fernando Antonio Pimentel; depois, em Porto Alegre, frequentou o Instituto Brazileiro, dirigido por Apolinário Porto Alegre, onde cursou o curso de humanidades e fez os exames preparatórios. Em 1884, entrou para a Escola Militar de Porto Alegre, onde se bacharelou em ciências físicas e matemática e se formou engenheiro militar, seguindo a carreira até se tornar General. As marcas de formação e da carreira militar estarão impregnadas nos seus escritos sobre o feminino e o masculino.

No Prefácio da obra *O meu segredo de não envelhecer contado aos homens*, Lellis Vieira (1944, p. II) escreve sobre o autor: "Professor dos mais ilustres, mestre de matérias diferentes em todas as disciplinas dos cursos pedagógicos, o Sr. General de Assis Brasil, individualmente dinamitante por um espírito de prol [...]".

A Educação da Mulher

A obra *A Educação da Mulher*[2] é identificada como folheto (17 x 10 cm), com 37 páginas. Foi editada em Porto Alegre em julho de 1912, conforme consta da capa e da folha de rosto, pelas Officinas Graphicas da Livraria do Comércio[3].

Na primeira página já se encontram marcas do leitor: a assinatura de Anita Carvalho e a data em que recebeu ou adquiriu o livro, 20 de agosto de 1912, mês seguinte a sua publicação. Na segunda folha de rosto, há a assinatura de outro proprietário ou leitor da obra, Braz C. de Oliveira. Nas demais páginas, não há outros registros de leitores.

A obra apresenta Prefácio (p.V e VI); A Educação da Mulher – Esboço Analítico (p. 7-34); Esboço Sintético (p. 35-37). Não tem sumário ou índice inicial ou final. Ao longo do texto, identificam-se somente três autores citados: Gustave Le Bon, Herbert Spencer, Almeida Garret.

Quanto à materialidade, o livro é em tamanho pequeno (11 cm x 18 cm), com 37 páginas. O exemplar pesquisado está encadernado, mas manteve a capa original, de papel grosso, em tom azulado, com letras em negrito. Somente uma página (p. 7) traz, no alto, uma faixa como elemento decorativo.

A simplicidade da edição contribui para a caracterização da obra como um folheto. No Prefácio, o autor a identifica, inicialmen-

2. Na Biblioteca da PUCRS há dois exemplares da obra, um pertence à Coleção Júlio Petersen. Nesse há marcas de leitura de um leitor não identificado. São marcas feitas com lápis, parênteses e grifos de frases.

3. Até o momento, não localizei dados sobre a Livraria do Comércio. Somente o seguinte anúncio: "Livraria do Commercio de Souza & Barros. Officinas de typographia, pautação, encadernação, cartonagem e fabrica de livros em branco e de enveloppes, movidas a electricidade. Rua dos Andradas ns. 346, 348 e 350. Unicos agentes no estado da machina de escrever: Underwood". Fonte: Rio Grande do Sul Sportivo: football, lawn-tennis, remo, turf. Historico dos principaes centros sportivos do estado. Illustrado com cerca de mil gravuras. Porto alegre: Oficinas Graficas da Livraria do Globo - Barcellos, Bertaso & Cia. 1919, p. 68.

te, como uma "epístola", que busca aproximação com as cartas ou lições que os apóstolos dirigiram às primeiras comunidades cristãs e podem-se considerar como portadoras de princípios normativos. Também pode remeter para o gênero escrita epistolar, mas que não tem essa característica. Ao concluir o prefácio, comenta que a obra está "em forma de folheto", definição que melhor se aplica – obra impressa de poucas folhas, quase sempre na forma de brochura; publicação impressa não periódica, com o mínimo de cinco e no máximo 48 páginas, sem contar as capas (HOUAISS, 2001, p. 1366).

O autor informa a razão de sua obra: "solicitado por um colega, que se dizia – positivista, a traçar-lhes um programa-horário, sobre a educação da mulher com o qual ele se desobrigasse do compromisso que imprudentemente tomara para com certo chefe de família no Rio [de Janeiro], desejoso de bem-educar suas filhas" (1912, p.v). O amigo é identificado como R, que se encarregaria da educação de jovens fluminenses com idades entre dezesseis e dezoito anos. Com esse desafio, coloca em dúvida se teria condições de elaborar um texto que "se parecesse com sistema de educação para o belo-sexo". O fato de ser casado e ter educado dois filhos homens, diante da solteirice de quem o encomendou, seria credencial suficiente para ter consciência de que "não podia deixar de ter idéias assentadas sobre a educação de minha prole presente e futura". Isto posto, o autor destaca a "alta relevância do assunto", que já abordara e divulgara em 1899, no jornal *Cidade do Rio*, do Rio de Janeiro.

Assis Brasil qualifica-se ao leitor, informando que é "filiado a uma filosofia que assenta sobre bases profundamente sólidas, porque científicas – a filosofia evolucionista" (p. 8); e posicionando-se de que diversa deve ser a educação de cada sexo, "pois diversa é a destinação de cada um" (p. 8). Para ele, "o destino do homem é lutar pela vida no meio social", isto é, atuar no espaço público; para a mulher, o espaço privado, cabendo-lhe "superintender o lar doméstico" (p. 8). Afirma, ainda, que não há termo de comparação entre cada um dos indivíduos, pois só se compara àquilo que é da mesma natureza. Dessa forma, discorda de Herbert Spencer, que escreveu a obra

Da educação intelectual, moral e física (1861), para ambos os sexos, e de Almeida Garret, que escreveu *Da educação: cartas dirigidas a uma senhora ilustre encarregada da instrução de uma jovem* (1829), destinada à "educação de uma princesa". Argumenta que o primeiro "falseou o princípio científico que diferencia o homem da mulher; o outro considera a mulher um ente à parte, quase sem ligações com o homem, cuja cara-metade ela é destinada a ser" (1912, p. 9-10). Apesar de criticar Almeida Garret, sua posição está muito próxima à dele, pois considera a mulher uma coadjuvante, isto é, "a futura sócia do homem, tendo a supremacia no lar". Acredita que há uma correlação de equivalência de valores, mas não de identidade – "no lar doméstico é principal o papel da mulher e secundário o do homem; fora do lar, isto é, na sociedade, o inverso disto se dá".

Para explicitar seu "método" para a educação da mulher, torná-la "boa filha, boa esposa e boa mãe", começa pela primeira infância, pois a considera o período em que as "impressões recebidas são, incontestavelmente, mais duradouras" (1912, p. 11), dando ênfase ao cultivo da moral sobre o físico e o intelectual. Assinala que, em todos os períodos de vida – infância, juventude ou puerícia, adolescência, nubilidade, mocidade, maturidade, velhice e senilidade ou decrepitude –, a mulher está sendo educada, pois a cada fase corresponde uma maneira de viver e de ser.

A "escola" que o autor propõe para educar a mulher é o "lar doméstico" – "uma menina, para ser primorosamente educada, não precisa pisar dos umbrais para fora" (1912, p. 11) –, pois o seu destino é todo dirigido para e pela família. Dessa forma, colégios internos ou externos, liceus, escolas normais, academias, nada disso é recomendado. Essa posição atrela-se àquela em que defende a mulher como coadjuvante, tendo a supremacia do lar, do espaço privado.

Considera que todas as pessoas que convivem com a educanda são seus professores, pais, irmãos, parentes, amigos e, eventualmente, professores propriamente ditos. Para desenvolver o "método analítico" que se propõe, o autor o divide em "dois grandes departamentos: física e psíquica, isto é, ginástica do corpo e ginástica do espírito" (1912, p. 17), "a coexistência de ambas produz o equilíbrio físico e moral" (1912, p. 18). Essa divisão é considerada, pelo autor, melhor que a adotada por Herbert Spencer, intelectual, física e moral, pois a educação intelectual não pode ser separada da moral. A educação psíquica envolve a educação intelectual, moral e estética, isto é, "a educação da inteligência e da memória, do sentimento e do gosto. Para isso, devem concorrer os estudos de aritmética, álgebra, geometria, física, química e biologia (zoologia, botânica), geografia, línguas – portuguesa, francesa, italiana, arte doméstica" (1912, p. 23).

Quanto à "arte doméstica", recomenda "o conjunto das práticas que concorrem para a boa ordem e completo asseio das pessoas e da casa (arrumações propriamente ditas da casa, arte culinária, regras de economia e cuidados higiênicos do corpo e da casa)" (1912, p. 23). Além disso, mesmo que pertença à classe abastada, para a mulher deve ser ministrado o ensino de um ofício manual. Contraditoriamente ao que vinha expondo sobre a educação da mulher no espaço doméstico, sugere o ofício de dentista, pois "exige poucos estudos e é de aprendizagem simples, principalmente para a mulher, muito mais habilidosa que o homem; [...] é bonito e rendoso; [...] não necessita sair de casa" (1912, p. 24). Esclarece que a jovem, aos vinte anos, pode frequentar uma faculdade, pois já tem maturidade "para se fazer respeitar em qualquer parte" (1912, p. 25). Essa ideia é inusitada, moderna e emancipatória para a mulher da época e incompatível com o discurso que a precedeu.

Quanto à educação moral ou do sentimento, recomenda o conhecimento de religião e o estudo de história. Faz uma ressalva quanto à religião propriamente dita e às práticas religiosas católicas, que condena, pois considera a influência dos padres e a frequência constante às igrejas e festas religiosas como permissivas ao caráter. Para a educação estética ou do gosto, sugere o ensino da música, da poesia clássica e da pintura (desenho linear, trabalhos manuais como corte e costura).

Esse amplo programa, para formar a mulher para a "superintendência do lar", é possível porque, com relação "as matérias cujo estudo não pode ser feito sem o auxílio dos livros e de professores teórico-práticos – aritmética, álgebra, geometria, física, química e biologia – só se deve ensinar o suficiente para que ela fique conhecendo o que essas ciências têm de mais geral e de mais útil na vida prática" (1912, p. 27). Assim aconselha o mínimo, o mais geral, o mais fácil, o mais simples, tendo sempre uma utilidade prática. Para tal, bastam dois professores para as disciplinas listadas acima e quatro mestres para as demais disciplinas. Portanto, considera que se trata de um programa econômico e fácil. Atenção especial, no entanto, dedica para os demais elementos da casa, especialmente, *as criadas* ou empregadas domésticas. Reconhece que deixou pontos sem abordar, por exemplo, os livros de leitura, quando deve terminar a aprendizagem prática.

Assis Brasil conclui a obra com o "Esboço Sintético", uma síntese, como o próprio título sugere, de tudo que abordou no "Esboço Analítico", explicitando que a educação da mulher é física, ou ginástica do corpo, e psíquica, ou ginástica do espírito. A primeira compreende os exercícios de força, agilidade e equilíbrio, recomendando natação, equitação e dança. A educação psíquica compreende a educação intelectual ou da razão e da memória; a educação moral ou do sentimento, com o estudo da religião e da história; a educação estética ou do gosto, com atividades de música (lírica e consertos), poesia de autores clássicos e pintura (desenho linear) e trabalhos de corte e costura. Além das disciplinas do currículo escolar, com conhecimentos elementares de aritmética, álgebra e geometria, conhecimentos de física, química, biologia (zoologia, botânica), geografia, e a aprendizagem de três línguas (português, francês e italiano), recomenda o "conhecimento das artes doméstica e industrial", que compreenderia "arranjos da casa, arte culinária, regras de economia e higiene, tanto do corpo como da casa, e a aprendizagem de um ofício" (1912, p. 35).

A posição do autor é de referendar e reforçar o discurso de outras instituições, como família, Igreja, escola, Estado, sobre o espaço das mulheres no âmbito do privado, do doméstico. Para Bourdieu (1999, p. 63), "as mulheres, [quando] submetidas a um trabalho de socialização que tende a diminuí-las, a negá-las, fazem a aprendizagem das virtudes negativas da abnegação, da resignação e do silêncio. Mas os homens também são prisioneiros e, sem se aperceberem, vítimas da representação dominante".

Longevidade e virilidade sem enxerto

A obra memorialística de José Assis Brasil, *O meu segredo de não envelhecer contado aos homens* (1944), com 174 páginas, foi escrita para ser lida por homens. Está dividida em duas partes: a primeira centra-se em suas memórias, com o objetivo de expor ao leitor como não envelhecer, apesar da idade avançada, conservando a *mens sana in corpore sano.* Para tal, relata fatos de sua juventude que contribuíram para que tivesse "conseguido tornar-se *notado* pela sua vitalidade e principalmente pela sua integridade fisiológica e psíquica" (1944, p. 2). Na segunda parte, intitulada Livro 2, traz discursos, textos publicados na imprensa, outras produções, que evidenciam suas posições, ideias políticas e profissionais.

Essa obra, entregue aos netos, teve por mote, segundo suas palavras, "komo kada um de nós dezeja saber kual a sua orijien e ke sange korre nas respektivas veias, entrego-te este esboso inkompleto da miña biografia para ke, mostrando-o mais tarde aos ke de ti desenderein, posa kada um deles, kon proveito, konparar a époka ein ke vai viver kon akela ein ke, atormentado por mãos tratos, e desprezado pelo fato de ser filho natural, viveu o teu avô" (1944, p. 30).

Inicia o livro com uma autobiografia que escreveu em 1936, contando sua vida no interior do Rio Grande do Sul, suas dificuldades escolares, a vida militar, as missões oficiais, construindo o perfil de homem longevo e viril, que é tratado no capítulo "Longevidade e virilidade", publicado como um folheto em 1928, com o pseudônimo de Frogrân Tabajara, com tiragem de 500 exemplares esgotados rapidamente. A intenção desse opúsculo foi responder "qual era o segredo da minha juventude".

No livro de memórias, amplia o escrito e inclui diversas fotos suas com 50, 60 e 76 anos, para confirmar sua robustez e preparo físico. Uma foto aos 76 anos mostra o autor suportando 60 quilos em uma das pernas. Além das fotos, transcreve uma tabela com seu peso e medidas aos 64 anos (1928) e aos 79 anos (1943), que pouco difere, evidenciando que, no período, manteve a boa forma, a robustez, elemento que considera fundamental para longevidade e a virilidade.

Idade	**64 anos (1928)**	**79 anos (1943)**
Altura	1m72	1m72
Peso	76 kg	73 kg
Peito cheio	1,05	1,02
Cintura	0,86	0,84
Pescoço	0,40	0,38
Bíceps	0,36	0,34
Ante-braço	0,29	0,27
Punho	0,18	0,17
Coxa	0,56	0,52
Perna	0,40	0,39
Tornozelo	0,25	0,23

Credita seu preparo físico ao cultivo da ginástica, com exercícios moderados; das atividades cotidianas, como rachar lenha, capinar, cultivar horta; das caminhadas diárias; do abandono do fumo e da bebida alcoólica; alimentação balanceada e frugal, com boa mastigação, sugerindo a contagem de 30 movimentos mandibulares; vida sexual ativa; higiene e equilíbrio físico, com banhos frios; a homeopatia, a prática de jiu-jitsu. Condena o "vício do sensualismo, da libidinagem, da luxúria", traduzido pelo fato de o "homem não se contentar com uma só mulher" (1944, p. 45). Contra esses vícios, opõe a "higiene moral", em que o casamento é a alternativa mais indicada, exaltando a fidelidade e a vida em família[4].

O conjunto dessas estratégias e práticas diárias tornaria o sujeito elegante, causando boa impressão àqueles com quem convive e como cidadão para o país. E conclui: "Pratica com firmeza e perseverança tudo quanto acabo de aconselhar-te e verás que, para o engrandecimento, prosperidade e bom nome da nossa cara Pátria, tu poderás ainda, depois dos 70 anos *produzir* muito, como intelectual e como homem" (1944, p. 87).

No "Livro 2", Assis Brasil começa com o capítulo "*Mens sana*", em que disserta sobre sua vida intelectual como escritor, jornalista, como "acadêmico imortal", transcrevendo o discurso de ingresso na academia de São Paulo.

Também transcreve o texto "Meio único", com o qual ganhou o concurso da Academia de Letras do Rio de Janeiro, em 1923, sobre "o meio mais prático de combater o analfabetismo e difundir-se prática e eficientemente o ensino primário no Brasil" (1944, p. 104).[5] Considera o analfabeto um *inútil* para a Pátria, que não sabe a língua que fala, que tem uma "cegueira espiritual". É interessante assinalar sua mudança de postura em relação à coeducação. Na obra *A Educação da Mulher* (1912) defendia a educação da mulher no espaço doméstico. Passada uma década, propõe que o governo brasileiro torne obrigatório o ensino primário para os dois sexos e, após um ano da decretação de tal medida, indica uma série de penalidades para aqueles que não provarem saber ler e escrever, desconsiderando as condições socioeconômicas da população:

4. Suas proposições refletem o momento histórico de saneamento e de moralização da sociedade, no processo de definição de povo e nação no mundo "civilizado", em meio às preocupações com o progresso e a organização da população urbana, pela educação, higiene, ginástica, patriotismo, valorização da família.
5. Concurso que merece a atenção dos pesquisadores em História da Educação, assim como o papel e escritos dos imortais sobre a educação brasileira.

1. nenhum brasileiro poderá gozar de seus direitos, se não souber ler e escrever;
2. todo aquele que quiser casar ou tiver alguma pretensão junto aos poderes públicos, não sabendo ler e escrever, ficará sujeito a multa pecuniária;
3. aquele que for analfabeto, quando chamado para o serviço militar, será obrigado a servir o dobro do tempo fixado;
4. o pai, tutor ou responsável pelo menor de 12 anos ou mais que, depois de publicada esta lei, não souber ler e escrever, ficará sujeito à multa de 100$00- ou seis meses de prisão. A mesma pena será imposta seis meses depois, se o menor continuar analfabeto;
5. o menor deve ir para o colégio com o alfabeto aprendido no lar. (1944, p. 106).

Outro texto "Kartilha da mosidade brazileira", originalmente publicado em "Armas em revista", traz 50 máximas para o fortalecimento do "caráter da juventude". Envaidecido pela repercussão de suas máximas, recorda de sua infância escolar, depois de mais de sessenta anos, na cidade de São Gabriel/Rio Grande do Sul, e das cinco sentenças que os alunos do Capitão Trajano Antonio Gonçalves de Medeiros e Oliveira eram obrigados a copiar exaustivamente em bastardo para o aperfeiçoamento moral e da caligrafia, as quais ficaram marcadas indelevelmente em sua memória e foram benéficas para sua formação:

> "A virtude é sempre o exercício do bem".
> "Bem manda quem bem sabe obedecer".
> "Calculai sempre as vossas idéias".
> "Deve-se estudar para ilustrar o espírito".
> "Eu condeno somente sua preguiça". (1944, p. 136).

As máximas são exemplares de suas ideias e posições sobre virilidade, analfabetismo, mulher, serviço militar:

> "Não deixes o teu corpo e espírito enfraquecerem por falta de atividade".
> "Antes morrer que ser fraco, quando a Pátria precisa de filhos fortes para sua defesa".
> "Se és feio, não te impressiones. Faze-te forte e serás belo".
> "Analfabeto, tu és um animal com formas humanas. Faze-te gente, aprendendo a ler e escrever".
> "Mãe brasileira, ensina ao teu filho a amar a Pátria mais do que a ti mesma".
> "A honra da mulher vale mais que os tesouros de Golkonda".
> "Na disciplina consciente repousa a maior garantia da eficiência militar e da ordem social". (1944, p. 132-33).

Os dois últimos textos, "Com o belo-sexo", "Com as garotas", voltam-se para o público feminino, mesmo não sendo o leitor privilegiado de sua obra memorialística. Nesses textos, faz a apologia do amor, do casamento; condena o divórcio. Para as eventuais incompatibilidades, recomenda às esposas: "Não podendo pelo amor carnal ser inteiramente dona do seu marido, deve procurar prendê-lo por outros meios [...] os psíquicos" (1944, p. 168).

No Epílogo, Assis Brasil avalia que satisfez a curiosidade de seu leitor, bem como a de muita gente que deseja viver muito, certamente para trabalhar muito. E, para finalizar, traz dois conselhos que Giovanni Boccaccio, comentando a Divina Comédia de Dante Alighieri, dá aos intelectuais: "aqueles que têm esposa, sabem o perigo capital do estudo da filosofia por parte delas"; "Também é valido inimigo dos estudos o amor, como verdadeiramente pode testemunhar qualquer um que já tenha a tal paixão sido submetido" (1944, p. 172). Mais uma vez, sua posição se mostra contraditória, porque ele ora defende a educação para os dois sexos, ora restringe a educação da mulher ao espaço doméstico, enfatizando o perigo que o estudo significava para a posição dominante masculina.

Feminilidade e virilidade na obra de José de Assis Brasil

Toda obra é uma enciclopédia normativa, relaciona regras, o *savoir-vivre*, com seu aparelho de normas, de princípios, de "maneiras", de sanções, de avaliações mais ou menos codificadas, que são prescritivas ou permissivas. Expressa representações codificadas de distintas formas sociais.

Historicamente, inúmeros são os escritos destinados a descrever a "natureza feminina" ou o "enigma da feminilidade" e a "natureza masculina", que se apoiam em evidências de diferenças anatômicas ou psicológicas, para "produzir este artefato social que é um homem viril ou uma mulher feminina" (BOURDIEU, 1999, p. 33). A análise das duas obras de José de Assis Brasil possibilita verificar que, na primeira metade do século XX, persistem ainda representações forjadas pela literatura desde o século XVII, se tomarmos por base a obra *De l'égalité des deux sexes* (1673), de François de La Barre, considerado o primeiro pensador a condenar os julgamentos de desigualdade entre os sexos (ROUDINESCO, MANASSEIN, 1995, p. 11).

Assis Brasil, nas suas obras, transita, conforme Patrícia Thompson (1986, p. 91), entre o espaço de Hermes, masculino, visível, público, audível, cognitivo, poder, e o espaço de Héstia, feminino, invisível, privado, doméstico, inaudível, intuitivo, união (apud GARCIA, 2001, p. 28). Expressa a perpetuação dessa representação social naturalizada e conservadora da relação entre os sexos, fortalecendo os mitos do "eterno feminino" e do "homem viril", a partir da construção discursiva de autoria masculina, impregnada de formulações dominantes em circulação, especialmente no espaço militar, em que a virilidade é um atributo predominante do *habitus*. No âmbito familiar, o autor teve atitudes diferenciadas em relação aos filhos homens e à filha mulher. Por exemplo, quanto à religião, para os filhos homens procurou manter a independência espiritual, só falando em religião quando a pudessem compreender e optar por alguma. No entanto, a filha mulher foi batizada logo ao nascer.

Bourdieu afirma que

> "as relações sociais de dominação e exploração que estão instituídas entre os gêneros se inscrevem progressivamente em duas classes de *habitus* diferentes, sob a forma de *hexis* corporais opostos e complementares e de princípios de visão e de divisão, que levam a classificar todas as coisas do mundo e todas as práticas segundo distinções redutíveis à oposição entre o masculino e o feminino" (1999, p. 41).

A virilidade está diretamente relacionada, para Assis Brasil, com a prática de esportes, exercícios físicos, atividades laborais, vida ativa, fruto de sua trajetória militar. Com conotação de superioridade, reprodutiva, sexual e social, também pode ser uma *carga* que recai sobre os homens, a qual tem de ser validada pelos outros homens. Para Bourdieu, "a virilidade é uma noção eminentemente *relacional*, construída diante dos outros homens, para os outros homens e contra a feminilidade, por uma espécie de *medo* do feminino, e construída, primeiramente, dentro de si" (1999, p. 67).

Entre a escrita das obras analisadas, 1912 e 1944, o autor apresenta contradições ou mudança de posturas. Em *A Educação da Mulher*, Assis Brasil defende uma educação para o lar, em uma visão tradicional segundo a qual a mulher deve voltar-se para a família. Diferentemente, na obra *Meus segredos...*, afirma: "Eu sempre entendi que toda a pessoa, homem ou mulher, deve saber fazer alguma coisa, deve ter um ofício para fazer dele profissão com que possa ganhar a vida em qualquer parte e a qualquer tempo" (1944, p. 149).

Assis Brasil e sua obra integram o que Perrot (2007, p. 25) chama de inventário das representações da feminilidade e da virilidade. Também contribui para a compreensão da relação entre mulheres e homens, em determinado tempo e espaço, na construção da "civilização dos costumes", na primeira metade do século XX, e para o prolongamento de uma memória profundamente sexuada (Perrot, 2005, p. 43).

Referências Bibliográficas

ASSIS BRASIL, José. *A Educação da Mulher*. Porto Alegre: Livraria do Comércio, 1912.

_____. *Carta aberta*: sobre a escolha do Presidente da República para o quadriênio: 1814-1918, ao exmo Sr. Senador General José Gomes Pinheiro Machado. Porto Alegre: Livraria do Comércio, 1913.

_____. *O cavallo que nos convém*. Porto Alegre: Editora do Brasil, 1920. 103 p.

_____. *Os militares e a política*. São Paulo: Léon Orban, 1929.

_____. *O meu segredo de não envelhecer contado aos homens*. São Paulo: Revista dos Tribunais, 1944. 175 p.

BASTOS, M.H.C. e GARCIA, Tania E. M. Leituras de Formação – *Noções de Vida Doméstica (1879):* Félix Ferreira traduzindo Madame Hippeau para a educação das mulheres brasileiras. *Revista História da Educação*. ASPHE. Pelotas, v. 3, nº5, p. 77-92, abril 1999.

BASTOS, M.H.C. De pai para filha: Cartas sobre a educação de Cora. In: BASTOS, M. H.C.; CUNHA, M.T.S.; MIGNOT, A.C.V. (Org.) Destinos das Letras: história, educação e escrita epistolar. Passo Fundo: Ed.UPF, 2002. p. 89-113.

BOURDIEU, Pierre. *A dominação masculina*. Rio de Janeiro: Bertrand Brasil, 1999.

GARCIA, Tania Elisa Morales. *Uma história em cena construindo a identidade de seus atores: o Curso de Ciências Domésticas da UFPel (1960-1997)*. 2001. 319 f. + anexos. Tese (Doutorado em Educação) - FACED/PPGEdu, Porto Alegre, Rio Grande do Sul, 2001.

HOUAISS, Antonio et al. *Dicionário Houaiss de Língua Portuguesa*. Rio de Janeiro: Objetiva, 2001.

PERROT, Michelle. *Minha história das mulheres*. São Paulo: Contexto, 2007.

PERROT, Michelle. *As mulheres ou os silêncios da história*. Bauru: EDUSC, 2005.

ROUDINESCO, Elisabeth; MANASSEIN, Michel de. Préface. In: MANASSEIN, Michel de (Dir.) *Documents Actes et rapports pour l'éducation.* De l'égalité des sexes. Paris: CNDP, 1995. p. 11-20.

THOMPSON, Patrícia. Home Economics and the Hestian Mode. *Illinois Teacher*, p. 87-91, jan/fev 1986.

VIEIRA, Lellis. Prefácio. In: ASSIS BRASIL, José. *O meu segredo de não envelhecer contado aos homens.* São Paulo: Revista dos Tribunais, 1944. p. I-III.

Arquivos pessoais de praticantes docentes: espaçostempos do (auto) biográfico

Dirceu Castilho Pacheco

Esta comunicação pretende trazer à discussão acadêmica algumas questões que ainda se apresentam de forma restrita ou às margens dos processos de *criação* de conhecimento na área da educação, valorizando as *práticas educativas* nos procedimentos de investigação como possibilidade de dar visibilidade às histórias de vida e formação dos/as *praticantesdocentes dos espaçostempos escolares*, através de suas memórias e dos diversos e diferenciados registros (auto)biográficos presentes em seus arquivos pessoais.

Existe, nessa proposta, a intenção de apontar para o fato de que é possível *criar* conhecimento utilizando-se das *narrativas* das *práticas* dos indivíduos comuns para se conhecer novas histórias das escolas e de seus *praticantes* (CERTEAU, 1994), ampliando a produção já existente no campo da história da educação por um viés divergente do que é proposto pela racionalidade moderna.

Território do ordinário por excelência, a vida cotidiana se configura como *espaçotempo* (ALVES, 2000) onde se efetivam *as práticas* que, por sua natureza e possíveis relações com o senso comum, são desqualificadas ou consideradas de menor importância pelos e nos processos cartesianos de pesquisas, enquanto produtoras de conhecimentos significativos, em oposição à teoria.

> na oposição teoria-prática, apesar de todas as posições científicas que tentam vê-las como dialeticamente articuladas, os

> cientistas, humanamente, têm forçado a ideia de que à teoria caberia o papel central na explicação do mundo, frente à prática. Isto nos é mostrado pela própria maneira como essa relação é enunciada – teoria/prática e não prática/teoria, quando sabemos que a dialética nos faria dizer prática/teoria/prática. (ALVES, 1999, p. 112).

Espaçostempos do singular, do exclusivo, do inesperado, daquilo que recusa a codificação e a classificação, enfim, do que não admite a submissão aos esquemas rígidos adotados, naturalizados e aceitos pelas lógicas dos modelos tradicionais de se produzir conhecimento, *os cotidianos,* e neles *as práticas,* são terrenos movediços para os pesquisadores e pesquisadoras, quaisquer que sejam eles/elas, na medida em que apontam como limites a impossibilidade de um modelo único ou privilegiado para tratar de forma epistemológica e metodológica a questão da complexidade que lhes é inerente. É possível sair desse impasse? Existem alternativas em curso?

Na atualidade, alguns/as autores/as vêm buscando *criar* e acumular conhecimento nesse campo, apesar dos desafios e *limites* a serem enfrentados por todos/as aqueles/as que se aventuram pelo que ainda se tem a dizer.

Neste movimento, têm-se configurado núcleos interinstitucionais de *pesquisadores com os cotidianos* desde os fins dos anos noventa e, principalmente, na atual década, com suas *criações*, publicações e contribuições que, de forma mais recente, vêm permitindo a acumulação de *saberes* neste campo de pesquisas.

Entre os fundamentos das propostas desses pesquisadores/as destaca-se o da compreensão de que os conhecimentos são *criados* no movimento de *tessitura* dos muitos e diversos fios que, ao se entretecerem, tecem os cotidianos e, de forma concomitante, nos tecem nas múltiplas e diversas *redes* socioculturais, políticas e afetivas nas quais estamos imersos.

Segundo Manhães (2001)

> a tessitura do conhecimento em rede reconhece que nenhuma análise pode espelhar a realidade, nem é produto de um sujeito radicalmente separado da natureza. O observador é participante e criador de conhecimento, sendo, cada um, responsável pela inclusão de novos nós na própria rede. O conhecimento que se faz a partir das relações que se enredam ultrapassa a busca de certezas e aceita a incerteza para também superá-la; contra o destino fixado procura a responsabilidade da escolha; negando a existência de uma única e privilegiada perspectiva de conhecimento, avança *reconstruindo um barco, tábua a tábua, em alto* mar. (SANTOS, 1989, p. 95).

Ao trazerem para a discussão acadêmica a noção de *redes*, enquanto fundamento para compreensão dos processos de criação de conhecimentos, os *pesquisadores/as com os cotidianos* rompem e buscam superar não só a noção cartesiana, que tem como base o paradigma da *árvore do conhecimento,* com sua lógica organizativa fundada em etapas e disposta numa sequência linear, de sentido único e hierarquizada, "como também a própria forma como são entendidos os processos individuais e coletivos de aprendizagem – cumulativos e adquiridos – segundo o paradigma dominante" (OLIVEIRA e ALVES, 2006, p. 594).

Para Oliveira e Alves (2006), a distinção entre essas formas de criação de conhecimento deriva do seguinte:

> a forma da árvore pressupõe sequenciamento obrigatório, do mais simples ao mais complexo, da teoria para a prática, a 'noção de rede', exige considerar a horizontalidade das relações entre os diferentes conhecimentos. Além disso, a árvore pressupõe a ação externa como elemento fundador da 'construção' de conhecimentos enquanto a noção de tessitura do conhecimento em rede pressupõe, ao contrário, que as informações às quais são submetidos os sujeitos sociais só passam a constituir conhecimento para eles quando podem se enredar a outros

> fios já presentes nas redes de saberes de cada um ganhando, nesse processo, um sentido próprio, não necessariamente aquele que o transmissor da informação pressupõe. Isso significa que dizer algo a alguém não provoca aprendizagem nem conhecimento, a menos que aquilo que foi dito possa entrar em conexão com os interesses, crenças, valores ou saberes daquele que escuta. (p. 594).

Entretanto, é preciso não esquecer que esse movimento contra hegemônico dos/as *pesquisadores/as com os cotidianos* segue lento, espraiando-se como radículas de um rizoma que, em processos aleatórios, não descartam os desvios de rotas, os retornos, as interrupções, as sequências, os avanços e as contradições numa imagem alegórica às *redes de saberesfazeres* que têm criado e acumulado conhecimentos, não sem polêmicas nem desafios para todos/as aqueles/as que trabalham com pesquisas no campo da educação.

Há de se destacar que as ausências e contradições, previamente declaradas ou não, existirão de forma efetiva como parte da presença dos *limites* próprios a todas as propostas de análises ou pesquisas que têm a pretensão de apropriar-se da *realidade*, o que demonstra a impossibilidade de explicações que apreendam o *real*, em sua suposta exterioridade e totalidade, independentemente das afirmações encontradas ora aqui, ora ali nas teorias científicas hegemônicas que se proclamam explicativas desses ou daqueles *fenômenos*, sejam eles de ordem natural ou sociocultural.

Esse é um processo que, diferentemente das lições do modo de se produzir conhecimento consagrado pelo paradigma da modernidade, não tem a pretensão da afirmação da *objetividade* sobre a *subjetividade*; repele a possibilidade de separação entre o *objeto* e o *sujeito*, entre as *teorias* e as *práticas*, não reconhece a exigência da relação de *distanciamento*, *estranhamento* e de total subordinação de um possível *objeto* ao *sujeito* que pesquisa; recusa reduzir ao rigor matemático das quantificações os *fenômenos* pesquisados; dentre outros procedimentos metodológicos e, desta forma, procura pensar essa relação – *sujeitoobjeto* – como processo "híbrido", "nômade", "rizomático", "plural" (FERRAÇO, 2003, p. 162-3), provocando a impossibilidade de se pesquisar ou se falar 'sobre' os cotidianos das escolas. Daí a convocação para esses/as pesquisadores/as pela opção *com os cotidianos*, visto que, segundo Ferraço "se estamos incluídos, mergulhados, em nosso objeto, chegamos, às vezes, a nos confundir com ele" (2003, p. 160).

No que tange às metodologias, essas devem considerar a reivindicação da captura do detalhe, do inusitado, do que é singular, enfim, do não repetível. Essa multiplicidade de diferentes a serem pesquisados "põe em questão a existência do caminho único" (ZACCUR, 2003, p. 177) para essas pesquisas e esses/as pesquisadores/as, o que torna possível falar de um projeto de *criação* de metodologias, no plural, para atender à demanda provocada pela diversidade e singularidade dos casos e temas ou indivíduos pesquisados. De maneira concomitante, há em curso uma epistemologia dos cotidianos em construção.

Neste movimento, mesmo admitindo muitas dúvidas em relação aos possíveis *métodos* de *pesquisa com os cotidianos*, após assumir uma escolha teórica pelas *noções* de *redes de conhecimentos* e *tessitura do conhecimento em redes*, ALVES (2001) sugeriu, de início, quatro aspectos que julgou serem necessários para a compreensão da *complexidade* que cerca a possibilidade de se vir a *criar metodologias* para essas pesquisas e que podem ser resumidos como: 1 – *o sentimento do mundo* (expressão tomada a Carlos Drummond de Andrade), que nos convoca a utilizar todos os sentidos, olfato, tato, visão, audição e paladar, num processo de combate permanente a todo pensamento conservador estruturado e preconceituoso, centrado na hegemonia do sentido da visão, predominantemente moderno e que dá uma ideia de apartamento entre aquele/a que pesquisa e o que está sendo pesquisado; 2 – *virar de ponta a cabeça* (expressão tomada ao historiador Hill), enquanto ideia que deve ser contraposta às teorias, categorias, conceitos e *noções* herdadas da modernidade, entendendo esse conjunto, cada vez mais, como também *limite* e não só possibilidade para se conhecer; 3 – *beber em todas as fontes*, pois as *pesquisas com os cotidianos,* ao incorporarem a *noção* de *complexidade* de Morin, exigem a ampliação e *complexificação* das fontes de conhecimento. É preciso estar atento a todas as fontes para tecer novos saberes, inclusive, e principalmente, utilizar aquelas tidas como dispensáveis e mesmos as colocadas em suspeição pelo modelo hegemônico de se produzir ciência; 4 – *narrar a vida e literaturizar a ciência* é a proposta da autora ao assumir que, para comunicar novas preocupações, problemas, fatos e achados presentes nas *narrativas* dos *praticantes com os cotidianos* em suas memórias individuais e coletivas, se faz preciso criar novas maneiras de escrever.

Posteriormente, Alves (2004; 2005), criticando o que antes produzira, incorporou à proposta inicial um quinto e fundamental aspecto que lhe havia escapado, segundo a própria autora, quando da efetivação de sua proposta: *os praticantes*, enquanto *personagens dos processos cotidianos nas/das/com suas artes do fazer* (CERTEAU, 1994) e, por isso mesmo, aqueles/as que, de forma concreta, devem interessar aos/às *pesquisadores com os cotidianos.*

Desta forma, ao buscar uma mudança de enfoque para atribuir aos *registros (auto)biográficos* constitutivos do meu arquivo pessoal a ser apresentado e discutido neste texto, inclino-me, com todos os sentidos, a procurar ultrapassar os *limites* impostos por aquilo que esses *registros do vivido* nos deixam perceber numa primeira aproximação.

Procuro compreender neles parte dos significados, dos sentidos e dos sentimentos de seus/suas *fabricantes* e *consumidores/as*, inclusive os meus, recorrendo à memória como possibilidade de recriar fragmentos desse passado a partir das *redes de saberes* atuais que me constituem, recontextualizando fatos ocorridos nos *espaçostempos* onde foram criados e *usados* e, nesse processo, intenciono identificar as possíveis *pistas* e *sinais* que denunciem marcas singulares das ações desses/as *praticantes.*

Nesse processo é possível inferir que *pessoas comuns* em sua cotidianidade vivem suas vidas também comuns, experimentando acertos e erros, possibilidades e limites enquanto *praticantes* e que, nesse movimento, seus *rastros* nos permitem *criar conhecimentos* através de *narrativas* que podem contar outras e novas *histórias nas e das escolas* e de *seus/suas praticantes*, ainda por serem enunciadas e que são significativas para se conhecer um pouco mais acerca dos processos educacionais e das histórias de vida e formação de professores/as.

Trago para este texto algumas de minhas memórias, que, vez por outra, tenho o hábito de narrar para meus interlocutores e que considero representativas da singularidade que as *pesquisas com os cotidianos* buscam perscrutar. São memórias de minhas práticas educativas como professor da educação básica. Naquela época desenvolvi o hábito de observar os alunos nos diferentes *espaçostempos* da escola. Nesse ato procurava desenvolver a possibilidade de apreender-lhes os gestos, os movimentos e as expressões. Às vezes, não raro, por exercitar o estar atento aos fatos que ocorriam ao meu redor, gostava de ouvir suas histórias em fragmentos através das conversas que estabeleciam entre si: frases soltas, falas, palavras, gestos e expressões.

Esse hábito que, apesar do contexto frenético em que vivemos, me aproxima da arte da *flânerie*, mas no sentido inverso de como essa prática foi e é entendida pela modernidade, nasceu da curiosidade, do ato de olhar com a pretensão de apreender ora aqui, ora ali, em meio às paisagens que se sobrepõem nos *espaçostempos* da escola, o jeito de ser e estar no mundo das pessoas.

Gostava de observar os/as alunos/as no portão na entrada ou durante a saída da escola. Era interessante vê-los enfileirados, na hora do hino ou de qualquer outra solenidade. Até mesmo, e principalmente, no ato de formar, estratégia legitimadora do controle institucional. Observava-os na sala, durante as aulas, em diferentes situações de *aprendizagemensino* (ALVES, 2000) e nas relações que estabeleciam com colegas e demais professores.

Considerava importante estar atento aos diferentes posicionamentos e argumentos que criavam, principalmente quando tratavam da mesma questão ou problema a ser discutido e analisado e, ainda, na resolução das tarefas ou atividades propostas, quando tinham que planejar e tomar decisões. Foram momentos ímpares quando pude observá-los e buscar entendê-los enquanto indivíduos diferenciados, apesar dos uniformes, carteiras, livros, sinetas, broncas, ameaças, exigências e outros elementos ou situações que insistiam em procurar homogeneizá-los (FOUCAULT, 2000).

Todavia, existe um, entre os *espaçostempos* significativos da escola, onde e quando mais gostava de observar os/as alunos/as, porque é nele que acreditava aprender mais com e acerca deles. Este *espaçotempo* a que me refiro é o pátio, durante o recreio e que aqui denominarei *pátiorecreio* (PACHECO, 2001), onde a vida parece mostrar-se desimpedida das regras e dos controles instituídos na/para/da sala de aula e pode existir com regras próprias. No *pátiocrecreio* existem outras relações de poder e ações alicerçadas em diversos *saberesfazeres* que dão conta das necessidades que se apresentam aqui e ali, nas brincadeiras, cochichos, conversas, brigas, conflitos e contradições que os estudantes estabelecem entre si. Enfim, nesse *espaçotempo*, a vida parece apresentar-se desimpedida das regras que se passam no cotidiano das salas de aula.

No *pátiorecreio*, no meu entender, há algo de prestidigitador e poético que se concretiza na demonstração de ações autônomas, diálogos que se estabelecem longe das censuras prévias dos professores e demais adultos. Ali ocorrem trocas de saberes, criação de conhecimentos e avaliação de possibilidades que podem inclusive, até então, nunca terem sido realizadas, nem sonhadas e nas quais os alunos se mostram livres, ativos, falantes, participantes e criativos.

No processo de vê-los e ouvi-los, principalmente nesse *espaçotempo*, tive a oportunidade de aprender com eles a importância de respeitar e admirar o jeito de ser e estar no mundo de cada um e o meu próprio.

Essa atitude de flanar no e pelo contexto escolar, apesar de ser para mim prática antiga, sempre reservava surpresas e novas descobertas. Há uma fotografia de Robert Doisneau, que para mim traduz, no diálogo que com ela estabeleço, em seu conjunto, o sentido que *observoesinto* no *espaçotempo pátiorecreio* a que me estou referindo.

Muitos dados e detalhes chamam minha atenção nessa fotografia que retrata um conjunto de crianças durante o recreio, num pátio de uma escola francesa. Entretanto é importante ressaltar que o que induz à noção de *espaçotempo pátiorecreio* a que me refiro, nesta imagem, é o sentido de liberdade e criação com responsabilidade que podemos presenciar nas atitudes das crianças presentes na fotografia. Apesar de reconhecer o pátio também como palco de conflitos e contradições, o que me mobiliza nesta foto é o fato de que todos ali dão a impressão de estarem imbuídos de um propósito único: qual seja o de ser feliz, neste breve hiato, entre uma aula e outra. Livres dos controles e cobranças das salas de aula, as crianças apresentam-se com aparência de felizes e tranquilas, apesar da presença de um adulto que sugere ser o inspetor.

Todavia, o que acontece no espaço de tempo entre o final do recreio e o retorno à sala de aula que torna os/as alunos/as, de modo geral, apáticos, desinteressados e pouco criativos, tão diferentes daqueles/as de instantes atrás no pátio da escola?

Foi refletindo acerca dos limites impostos pelas *práticas educativas* mais tradicionais, que se expressam pelo ritmo diferenciado entre a produção do conhecimento escolar da sala de aula e a troca e *criação* de *saberesfazeres* existentes no pátio da escola, que fui tomando consciência da necessidade de alterar minha *prática pedagógica*. A partir de um determinado momento de minha carreira profissional, comecei a sentir o irremediável desejo de trazer a ação e a alegria que observava no pátio para dentro da sala de aula. Começava a delinear-se, nesse contexto, a noção do que, neste texto, chamo de *sala de aula pátiorecreio*.

Canalizar atitudes que pudessem vir a desencadear e estimular os processos de *criação* muitas vezes ausentes das e nas minhas *ações educativas* foi-se tornando, para mim, um compromisso de vida e morte, isso no sentido profissional, porque eu assumia trazer para sala de aula a possibilidade da *incerteza* de percorrer caminhos com *paisagens* a se criar ou sucumbiria à rotina burocrática, caracterizada pelo monólogo monocórdio das aulas expositivas da História oficial, numa linha positivista, na qual predominam o desfile de heróis, reis e batalhas, desvinculados dos contextos dos alunos e que apenas elenca um conjunto de personagens, fatos e dados que devem ser memorizados para, no final do bimestre, serem reproduzidos nas provas.

Assim, cada vez mais, foi ficando nítida, para mim, a obrigação de assumir uma atitude *transgressora* diante do modelo institucionalizado e que acabou se transformando no que considero *o meu instituído* (PACHECO, 2004a) – que expressa a forma pessoal como passamos a ser representado pelos outros e por nós mesmos a partir de nossas ações instituintes diante do instituído. Nesse processo que veiculou a noção de necessidade de mudança de minhas *ações educativas*, passei a incorporar a ideia de trazer o pátio, com suas lógicas de criação e liberdade, para dentro da minha sala de aula.

A ideia de que *era preciso trazer o pátio para dentro da sala de aula* começou a ganhar contornos mais definidos com e em minhas *ações educativas* cotidianas na medida em que fui abandonando os esquemas tradicionais, substituindo-os por propostas novidadeiras, buscando desafiar os alunos e o meu próprio trabalho à irreverência, ao *instituinte*. Como estratégia, convoquei o lúdico, os saberes de outras disciplinas, um certo investimento na estética do olhar e da criação e ações de liberdade e democracia, aqui entendida como o processo que se constrói nas práticas sociais e políticas, na pluralidade do debate, na diversidade de interesses e possibilidades e no respeito ao outro.

Utilizando essas estratégias como elementos-chave no processo de diálogo entre as aulas, seus conteúdos, os alunos e, para além deles, a comunidade escolar nela incluída, além de colegas de profissão e alunos estagiários, os responsáveis dos alunos, comecei a tomar consciência de que uma das demonstrações inequívocas da presença do *pátio na sala de aula* residia no fato de que, em algumas ocasiões, os alunos ficavam tão envolvidos com as atividades propostas que, apesar do término cronológico da aula, optavam em continuar trabalhando de forma, aparentemente, prazerosa, deixando para trás o pátio e, nele, o recreio.

Esta última afirmação, o prazer do outro, é de difícil comprovação. Contudo, as inúmeras manifestações escritas, iconográficas e orais registradas nas avaliações propostas acerca das atividades que realizaram através de diferentes instrumentos que fui criando ao longo do processo do *o meu instituído* e hoje presentes em meus arquivos pessoais (PACHECO, 2008), me permitem perceber esse estado ou sensação de prazer por parte da maioria dos alunos

Nesses momentos, que se foram tornando cada vez mais comuns, até se transformarem numa ação cotidiana permanente, sem nenhum equívoco posso afirmar que o sentido prestidigitador do *pátiorecreio* transferiu-se para a sala de aula, o que não descartava, de maneira eventual, a presença de conflitos, discórdias, disputas e de brigas entre os alunos e, em alguns momentos, de tensão nas relações comigo. Nestes casos, as repreensões, broncas, ameaças, provas e avaliações, que fazem parte do arsenal de controle presentes nos *espaçostempos* das e nas escolas, sem dúvida foram utilizadas. Entretanto, esses são elementos inerentes à multiplicidade das *redes de subjetividades* que nos constituem.

Aceitando e propondo novos desafios, eu e os alunos fomos criando um repertório de atividades e atitudes *transgressoras* em relação às *práticas institucionalizadas*, seguindo por *estradas ainda não percorridas*, descobrindo aqui e ali possibilidades ainda não experimentadas no ato de *criar* conhecimento. Todavia, esse processo exigiu muito trabalho: horas a fio de pesquisa e reflexão, avanços e recuos, tradição e ousadia, reelaboração constante dos cotidianos através de uma postura sistemática de avaliação dos caminhos percorridos.

Dois registros de meu arquivo pessoal, apresentados a seguir, servem para concretizar a noção e refletir acerca da possibilidade da presença do *pátio* na sala de aula e reforçam a noção proposta para esta mesa que é de estabelecer relações entre imagem, cotidiano e memória.

O primeiro registro é o que se encontra explicito numa fotografia dos alunos/as da turma 512, 5ª série, do CAP-UERJ, que apresenta uma atividade realizada em 1988, que procurou discutir alguns conceitos básicos de História presentes na proposta curricular da Instituição. O inusitado da tarefa residiu em redesenhar o *espaçotempo* da sala de aula, eliminando, nessa etapa primeira, as carteiras e cadeiras, assim como o abandono do quadro de giz e da hierarquia, ao buscar minimizar o controle do professor sobre os alunos. O lúdico e o imprevisto apresentaram-se sob a forma de elementos desafiadores para sua realização, ao exigir-se a utilização, como recurso material para concretizar a atividade, de apenas dois rolos de papel higiênico e jornais velhos, associados à criatividade.

Na foto, apesar da aparente situação de caos que ela pode suscitar, num primeiro instante, ao olhar menos atento, observam-se, a partir do codificado pela imagem, o envolvimento, a produção, a descontração e atenção dos alunos em relação à atividade proposta. Entretanto, se nos deixarmos atingir, pungir pela foto e nos permitirmos o *punctum* proposto por Barthes (1984), muitas perguntas poderão ser feitas a essa imagem, que nos conduzirão a reflexões e à compreensão de algumas possíveis formas de como esses alunos, ao realizarem essa atividade, acabaram *tecendo* novos saberes. Nas suas expressões, movimentos e concentração, na própria (re)ordenação do espaço físico da sala de aula, onde as carteiras perderam sua organização disciplinadora, com a possibilidade das ações inusitadas presentes no *pátiorecreio*, instaurando-se o aparente caos que se observa, cada um dos alunos e todos, de forma coletiva, demonstram, por suas expressões retratadas, sem se perceberem observados pelo fotógrafo, que exerciam suas ações com liberdade e autonomia para a criação (PACHECO, 2005c).

Em situações ou experiências como esta, é possível desconstruir duas imagens ou representações da relação professor-aluno consagradas pelas *práticas educativas* conservadoras. A primeira busca reverter o modelo de educação, ainda bastante enraizado, no qual cabe ao professor o conhecimento através do discurso que profere e aos alunos a reprodução ou repetição do que foi proposto. A segunda é a de poder promover a discussão em torno da noção de que o bom professor é aquele que *não pode perder a moral* e deve ser *disciplinador*, não permitindo a *bagunça* em sala de aula. A fotografia coloca sob suspeição esta afirmação e nos provoca a interrogações, no mínimo, imprevistas.

O segundo registro de autoria de um aluno de 12 anos, do Colégio Pedro II, da turma 606, datado de 1986, é um exemplo entre outros das várias avaliações a que submeti minhas aulas e atividades de História (PACHECO, 2001; 2003), pois sempre estive preocupado em ouvir os alunos, os estagiários, os colegas professores e os responsáveis sobre o trabalho que estava realizando.

No final do ano, esse aluno, ao fazer sua autoavaliação acerca do conjunto das atividades/aulas que havíamos criado e vivenciado na sala de aula *pátiorecreio* naquela instituição, escreveu um texto que associou a ilustrações de sua autoria.

Disse-me ele, ao registrar sua avaliação sem esconder suas emoções:

> Mais ou menos no pôr do Sol, das tardes de terça e quinta, nós entrávamos numa aventura. Ir até as nuvens, esquecer os livros. Lembrar de civilização e do Mundo. Passamos a fazer perguntas e ter respostas. Passamos a brincar com a rotina e inventar um novo modo de aprender, o modo que nós mais gostamos: brincando. Parece impossível aprender tanto sobre o Mundo em tão pouco tempo e com tão poucas palavras que significam muito. No início parecia extraordinário, impossível como subir no Dedo-de-Deus de prancha. Mas quando as aulas foram rolando, eu me amarrei. É eu gostei de tudo. Tudo foi alucinante como o impossível. Como subir no Dedo-de-Deus de prancha. [Luis Paulo du Vernay e Silva Junior].

O que me convoca à reflexão nesse registro não é, como pode parecer à primeira vista, o texto escrito, apesar de considerá-lo uma declaração ao *prazer* e à liberdade, à semelhança do que sempre pretendi ao buscar incorporar ao meu trabalho a noção do *espaçotempo pátiorecreio*. A forte atração que sinto por essa avaliação é a da metáfora acerca da sala de aula que pode ser construída a partir da ideia do *surfista do Dedo-de-Deus*, onde este aluno pode se dar o direito de ser aventureiro, radical, ilimitado, criativo, singular e *feliz*, livre das amarras das convenções e limitações do instituído, que aos alunos/as, nas *práticas educativas tradicionais*, limita e cerceia o direito do *pátiorecreio* nas e durante as aulas.

Pensar a sala de aula como *espaçotempo* de liberdade e *criação* remete-me, pela lembrança, àquelas tardes daqueles dias e ao meu próprio processo de formação na profissão. Dúvidas e conhecimentos, *imagensideias*, *aprendersaber*, *emoçãoprazer* foram entretecidas nesses muitos encontros nas salas de aula *pátiorecreio* e em outros *espaçostempos* das escolas onde trabalhei. Nesse movimento *aprendiensinei* instituindo-me na profissão.

Ao submeter aos processos mnemônicos essas imagens e histórias, ponho em ação minhas *redes de subjetividades* e com duas fotografias e um texto ilustrado, três registros imagéticos e a importância dos arquivos pessoais de indivíduos comuns da Educação (PACHECO, 2006a; 2006b; 2006c), procurei inventar uma série aceitável para se pensar e refletir acerca das possibilidades de *criar* conhecimentos sobre os *espaçostempos* salas de aula e da formação pessoal e profissional, em uma narrativa autobiográfica que busca, no resgate do singular, o processo de *invenção de si* de um pesquisador que se pretende *praticante com os cotidianos*, entendendo as escolas e, mais especificamente, as salas de aula, como espaços (auto) biográficos por excelência das artes do viver, conhecer e formar.

Referências Bibliográficas

ALVES, Nilda, GARCIA, Regina (Orgs.). *O sentido da Escola*. Rio de Janeiro: DP&a, 1999.

ALVES, Nilda. Espaço e tempo de ensinar e aprender. In: CANDAU, Vera Maria (Org.). Anais do X ENDIPE – *Linguagens, espaços e tempos no ensinar e aprender*. Rio de Janeiro: DP&A, 2000. p. 21-33.

_____. Decifrando o pergaminho: o cotidiano das escolas nas lógicas das redes cotidianas. In: OLIVEIRA, Inês B.; ALVES, Nilda (Org.) (2001). Pesquisa no/do cotidiano das escolas: sobre redes de saberes. Rio de Janeiro: DP&A, p. 13-38.

_____. Alteridade, epistemologia e cotidiano escolar. Comunicação Especial apresentada na 27ª ANPEd, Caxambu, 2004.

_____. *Artefatos tecnológicos relacionados à imagem e ao som na expressão da cultura de afro-brasileiros e seu 'uso' em processos curriculares de formação de professoras na Educação Superior – o caso do curso de Pedagogia da Uerj/campus Maracanã*. Projeto de Pesquisa apresentado ao PROCIÊNCIA/UERJ. Rio de Janeiro, p. 1-29, jan./fev. 2005.

BARTHES, Roland. *A câmara clara*: nota sobre a fotografia. Rio de Janeiro: Nova Fronteira, 1984.

CERTAU, Michel de. *A invenção do cotidiano*: artes de fazer. Petrópolis, RJ: Vozes, 1994.

FERRAÇO, Carlos Eduardo. Eu caçador de mim. In: GARCIA, Regina Leite (Org.). *Método:* pesquisa com o cotidiano. Rio de Janeiro: DP&A, 2003. p. 157-175.

FOUCAULT, Michel. *Vigiar e Punir*: nascimento da prisão. Petrópolis: Vozes, 2000.

MANHÃES, Luiz Carlos S. Redes que te quero redes: por uma pedagogia da embolada. In: OLIVEIRA, Inês B.; ALVES, Nilda (Org.) (2001). *Pesquisa no/do cotidiano das escolas:* sobre redes de saberes. Rio de Janeiro: DP&A. p. 69-90.

OLIVEIRA, Inês Barbosa de, ALVES, Nilda. A pesquisa e a criação de conhecimentos na pós-graduação em educação no Brasil: conversas com Maria Célia Moraes e Acácia Kuenzer. *Educação e Sociedade*. São Paulo, v. 27. n. 95, p. 577-599, maio/ago. 2006.

PACHECO, Dirceu Castilho. *Arquivos pessoais de praticantesdocentes e as pesquisas nos/dos/com os cotidianos*, Brasil, 2008, 185f. Tese (Doutorado em Educação) – Programa de Pós-Graduação em Educação da Faculdade de Educação, Universidade do Estado do Rio de Janeiro, Rio de Janeiro, 2002.

______. *Avaliação Tropical: Prova, que gosto tens?* Dissertação (Mestrado em Educação) – PROPEd, Faculdade de Educação da Universidade do Estado do Rio de Janeiro, Rio de Janeiro, 2001.

______. Imagens e representações da/sobre a prova: uma conspiração lexicológica? In: III Seminário de Institutos, Colégios e Escolas de Aplicação "Educação e Sociedade Contemporânea: desafios e propostas". Rio de Janeiro, UERJ, 2003. Disponível e CD-Rom.

______. Pesquisar o cotidiano: reflexões acerca da construção do o meu instituído. In: VI Encontro de Pesquisa em Educação da Região Sudeste. Rio de Janeiro, UERJ, 2004a. Disponível em CD-Rom.

______. Sala de aula, poder disciplinar e as artes do fazer. Ensino de História. *Revista do Laboratório de Ensino de História.* Niterói, UFF, v.5, p. 5-16, 2005c.

______. *Arquivos pessoais de sujeitos comuns: possibilidades e limites nas/das pesquisas nos/dos/com os cotidianos nas/das escolas.* Exame de Qualificação do Doutorado – PROPEd, Faculdade de Educação da Universidade do Estado do Rio de Janeiro, 2006a.

______. Arquivos pessoais de professores: pesquisar os usos dos praticantes. XIII ENDIPE – Encontro Nacional de Didática e Prática de Ensino. Recife, PE, 2006b. Disponível em CD-Rom.

______. Um diálogo de muitas redes: conversando com Clarice e Dª Nilda. In: II CIPA – Congresso Internacional sobre Pesquisa (Auto) biográfica: tempos, narrativas e ficções: a invenção de si. Salvador, BA, 2006c. Disponível em CD-Rom.

ZACCUR, Edwiges. Metodologias abertas a iterâncias, interações e errâncias cotidianas. In: GARCIA, Regina Leite (Org.). *Método:* pesquisa com o cotidiano. Rio de Janeiro: DP&A, 2003. p. 177-198.

Experiência do cinema brasileiro na/pela identificação popular

Antônio Carlos Amorim

Quando recebi o convite para participar da Sessão Coordenada de Grupos de Pesquisa *Imagem, Cotidiano e Memória*, pensei na oportunidade de apresentar algumas abordagens dos projetos de pesquisa dos quais participo e dos que oriento, e compartilhar os comentários, sugestões e críticas endereçadas a eles, no diálogo com os colegas da sessão e com o público que participará do IV CIPA. Além disso, imaginei que o texto escrito poderia dedicar-se a expressar algumas *provocações* nos/dos encontros com essas pesquisas.

Pensar com as *provocações* dispersa e fragmenta potencialmente o trabalho conjunto do grupo de pesquisa. Interessa-nos aproximar de problemáticas – instigantes e disparadoras do pensamento – que podem efetuar-se quando nos perguntamos a respeito do que *pode* uma imagem lançada como planos[6] com a área da edu-

6. Mas por que há *planos*, em lugar de um plano exclusive e único que poderíamos chamar o plano, e que raríssimos pensadores parecem ter abordado por sim mesmo? A resposta pode ser assim esquematizada: 1) se o conjunto de dados ou das determinações é um caos, é porque carregam consigo imagens rivais, de modo que o pensador que as escolhesse a todas desabaria e seu plano não se distinguiria mais do caos; 2) porém, ao contrário, toda seleção corre o risco, por sua própria coerência e repouso relativo, de chegar a um ponto em que o pensador identifique seu plano como um plano único e universal que substituiria então o caos e reentronizaria a transcendência, desvalorizando justamente com isso seus próprios conceitos e opiniões; 3) o pensador não conjura esse retorno da transcendência e da opinião, a não ser que trace seu plano de maneira a englobar ao máximo o plano de imanência, ou seja, o impensável que reconduziria ao caos o pensamento que se identificasse com ele, mas cuja afirma-

cação? Esta é uma questão que nos inquieta e, ao mesmo tempo, é desejosa e movente de encontros propulsores da constituição de respostas multi, pluri e transdisciplinares que parecem estar imanentes a uma pesquisa que busca articular imagens e educação; são desafios e perspectivas do Grupo de Estudos *Humor Aquoso*, constituinte do Laboratório de Estudos Audiovisuais (Olho) da Faculdade de Educação da Unicamp.

Neste grupo de estudos, uma outra pergunta potente é se a imagem pode *a-significar*. Para isso, as pesquisas vão à busca de um pensamento que não formula as regras de um raciocínio estreito formalmente, a fim de que aí possam ocorrer acontecimentos, ou novidades singulares. Existiria um método para a imagem *acontecer*? Liberar suas potências, buscar ampliar seus territórios mediante seus devires, através de encontros que lhe convêm?

Com as criações filosóficas de Gilles Deleuze, no grupo potencializamos encontros entre educação e imagens, seres muitas vezes céticos quanto a um possível sem sentido do mundo: resto, fragmento, ruína e traços (WUNDER et al., 2006). Criando planos sem profundidades, há algo que não se consegue apreender e representar em palavras conhecidas. São as recusas à parada no *ser* dos corpos, desvio sucessivo das interpretações subjetivas daquele que vê, relata, aproveita, experimenta. Eis a imagem, eis no que devemos prestar a máxima atenção.

> Não podemos considerar a imagem como um objeto, nem como um espaço exterior a ser descrito, analisado, julgado, fundado, cidade a defender ou lugar a investir, templo a proteger de toda impureza. É a linguagem que faz da imagem um

---

ção não é menos necessária para evitar a outra identificação: a do criado e a do originário; 4) logo, ele deve escolher como determinações de direito do pensamento aquelas que o afetem com movimentos infinitos exprimindo o avanço mediante perpétuo recomeço e bifurcação, ou a insistência de um outro pensador no pensador (gagueira, busca como um cão procedendo por saltos desordenados, etc.) (FRANCOIS ZOURABICHVILI, 2004, p. 80/91, grifos do autor).

> objeto, e do olho um sujeito – geometrização abstrata, espaços de interioridade, clichês. Se a imagem se torna um objeto, é para melhor falar a linguagem que se lhe impõem, e que diz: eis o meu corpo. (PARENTE, 2004, p. 29).

Nossa aposta em pensar as relações entre educação, cinema, fotografia e literatura também cria com a ideia da superfície da linguagem, sem a busca de profundidades essenciais centradas nos sujeitos. Buscamos pensar a linguagem em algo que se foca/desfoca no predicado e não no sujeito; por isso a atenção para o acontecimento, aquilo em que nos seres-coisas se processam significações (AMORIM, 2004, p. 40). Pensar pela superfície da linguagem é um convite a entrar pelo seu efeito de multiplicidade e expansão contínua de sentidos, fora dos preceitos do pensamento representacional.

Os estudos que compreendem a imagem como representações vão centrar-se principalmente nos seus produtores e consumidores. Focam no que há por detrás das imagens, nos sujeitos que expressam e produzem representações pela linguagem. Nesta perspectiva, o encontro é aquilo que marca o sujeito e a escrita e a produção de imagens são uma marca discursiva, cicatriz.

Em outros trabalhos (AMORIM, 2007, 2008, 2009a e 2009b), pautados nas vertentes pós-estruturalista, que vão compreender a história como uma constante ficção do tempo presente, compusemos em textos as escritas produzidas em cursos de formação de professores, imagens literárias, do cinema e fotografias contemporâneas, apostando em sujeitos que se fazem não somente pelas suas cicatrizes, mas pelos espaços vazios que se produzem nos encontros com seres/coisas, nos lugares sem poeira e sem sono dentro de nós (LISPECTOR, 1973 apud AMORIM, 2005). Produziu-se assim, uma possibilidade de estudo de escritas e de imagens olhando para a abertura/devir e não para a cicatriz/identidade.

Educação, imagens e Gilles Deleuze

A proposta de constituição de um *plano*, em uma geografia das sensações e composição, é desafio de pensar sem representar: novamente aqui enfrentar o poder das palavras, imagens e objetos parece-me um compromisso político a ser assumido e faço isso quando articulo imagens do cinema, literatura e registros de produções curriculares escolares.

As pesquisas que finalizei no ano de 2009[7] e as que desenvolvo atualmente[8] e que se conectam com o campo da imagem e da educação *(currículo e divulgação científico-cultural)* apostam em discussões sobre o *tempo* a partir de conceituações da filosofia de Gilles Deleuze: as relações entre tempo, ser e acontecimento; as relações entre tempo, imagem e duração, dos estudos de Deleuze sobre cinema; as relações entre tempo, signo e sentido, dos estudos de Deleuze sobre literatura.

Maurizio Lazarato (2008) nos propõe o trabalho com a definição, sugerida por 'Bergson de Deleuze', do tempo como uma contínua criação de novidades inesperadas. Definição possível a partir da imagem que Bergson propõe para pensar o tempo: a de um cone. Um cone no qual o tempo contrai e dilata: contrai em direção a sua ponta, dilata em direção a sua base. O presente está na ponta do

---

7. *Escritascurrículo*: diferenças em acontecimentos financiado pelo CNPq (401356/2006-0). 'Biotecnologias de Rua' (553572/2006-7. Edital MCT/CNPq n. 12/2006 – Difusão e Popularização da C&T.) 'Intellectual Advancement Through the Internationalization of Curriculum Studies', financiado pelo *Social Sciences and Humanities Research Council of Canada* e coordenado pelo Dr. William Pinar.

8. 'A quem será que se destina? Imagens e palavras pós-estruturam a escola' (Proc. CNPq n. 401180/2009-3). E o projeto de Bolsa de Produtividade em Pesquisa do CNPq: 'Currículo (des)figura, plano da sensação e fabulação' (Proc. CNPq 305426/2009-5), ao qual este artigo se vincula. Sou pesquisador associado dos projetos de pesquisa 'Estética, política e arte', financiado pela FCT- Portugal e coordenado pela Dra. Eugénia Vilela da Universidade do Porto e do Laboratório de Estudos Avançados em Jornalismo (Labjor)/Unicamp, no projeto 'Escritas, imagens e ciências em ritmos de fabul-ação: o que pode a divulg-ação científica?'(Proc. CNPq n. 478004/2009-5).

cone e corresponde ao grau mais contraído da duração, que seria a matéria, o atual (SPEGLICH, 2009, p. 34).

Todo o restante deste cone é passado. Um passado que é pura virtualidade, que se organiza em níveis.

> Há uma coexistência de todos os níveis ou todos os graus de contração e distensão do passado, uma repetição virtual de todo o passado ao mesmo tempo e em todos os níveis. E, na base do cone, o que seria o grau mais expandido/distendido da duração: a memória. O passado e o presente não são, dentro dessa ideia, momentos sucessivos, eles são coexistentes. A duração pode ser a variação de ser perpétuo presente vivo, um presente vivo que já é passado (desde que presente é presente) e ao mesmo tempo arrastado para o futuro. A partir de um tempo não cronológico e não espacializado, podemos pensar em movimentações que não são espaciais, e sim movimentos de contrações e dilatações, expansões e adensamentos. (SPEGLICH, 2009, p. 35).

O esforço que empreendo em compor a educação como campo da sensação (associando signo e percepção) e a escrita como campo de composição artística (associando tempo, acontecimento e produzindo um plano de pensamento com imagem para a Educação, à diferença que Deleuze propôs para a Filosofia) apresentam-se como potência que considero original, pois propõem alguns deslocamentos e desvios de importantes pensamentos para o campo. Por exemplo, aposto numa Educação que se esvazie da substância humanista que a satura e na busca de alternativas à sobrevivência em um estado pós-humano: sonâmbulo, inconsciente, sem ação, inabitado.

Esta forma de pensar os sujeitos pelo jogo da diferença e não na órbita do idêntico, do mesmo, da permanência gera transformações nas maneiras de olhar e produzir imagens como recursos de construção de nossas experiências cotidianas e de nosso imaginário e não uma expressão que possa ser submetida à análise e interpretação, assumida como possível e verdadeira nas apresentações do cotidiano (AMORIM, 2005, p. 115). É possível, então, desviar da compreensão da imagem como documentos, como provas, como artifícios de trazer sujeitos reais, situações concretas e aspectos de contexto, para a escrita que se quer impregnar do cotidiano.

As quatro teses de doutorado, finalizadas a partir de dezembro de 2006 e publicizadas no banco de teses da Unicamp (http://acervus.bc.unicamp.br/), orientadas por mim e realizadas pelas pesquisadoras Elenise Cristina Pires de Andrade (*Superfície ex-cri(p)ta em professoras e professores*: curri, corre, colares, dores simulando silêncios ensurdecedores, 2006), Alik Wunder (*Foto quase grafias, o acontecimento por fotografias de escolas*, 2008), Susana Oliveira Dias (*Papelar o pedagógico: escrita, tempo e vida por entre imprensas e ciências*, 2008) e de Érica Speglich (*Duração: por entre imagens do Programa Biota-Fapesp*, 2009), assim como a dissertação de mestrado, em andamento, de Juliana Aparecida Jonson Gonçalves (*Por um plano de composição imagética para a Educação: paisagens da Arquitetura-Arte*) e a tese de doutorado, em andamento, de Alda Romaguera (*Bio/arte, bio/política: por uma vida singular...*) pensam a educação como campo de articulação entre filosofia e arte, aprofundando-se em específicos conceitos de Gilles Deleuze. O projeto de pós-doutorado de Alik Wunder (*Fotografia, literatura e a poética do acontecimento*, CNPq 504541/2008-0) também tem articulação com o campo de pensar a educação entre a literatura e as imagens, a partir de conceitos de Gilles Deleuze.

Através da multiplicidade das escritas que nela se manifesta, nos conta Joel Birman (2000), a literatura constitui o laboratório privilegiado para experimentar, sempre de novo, a questão do sujeito e da clínica. "Se, na prática da escrita, a literatura se materializa enquanto ficção, é entre escrita e ficção que se deverá tentar pensar o sujeito da diferença e a singularidade impessoal" (p. 475). Ainda segundo o mesmo autor, uma leitura atenta da literatura, compreendida como fabulação, é capaz de afirmar a emergência do sujeito enquanto impessoalidade singular, que funda a concepção de clínica em Gilles Deleuze, com os estudos sobre signo. "[...] A literatura é habitada por fluxos, intensidades e afecções que transformam a língua familiar em língua estrangeira. Assim, o sujeito só se deixará apreender como tal desprendido e liberado do registro da pessoalidade do Eu" (AMORIM, 2007, p. 5).

A fabulação, para Gilles Deleuze, é o caminho para a literatura, escrita, saúde, vida. A literatura e a escrita são consideradas os espaços privilegiados para uma experimentação contínua do sujeito, da *crítica* e da *clínica*. Um laboratório de vida. "Se, na prática da escrita, a literatura se materializa enquanto ficção, é entre *escrita* e *ficção* que se deverá tentar pensar o sujeito da diferença, os simulacros e a singularidade impessoal" (BIRMAN, 2000, p. 475).

Na literatura, a *crítica* à representação, intensamente feita por este filósofo, e a *clínica*, possível a partir de um diagnóstico dos signos, doenças, problemas, tornam-se meios de experimentar o *resistir*, ao mesmo tempo, denunciando as formas de aprisionamento da vida pelo homem, no homem, pelos mecanismos e organismos, que a própria escrita não cessa de produzir, e vertendo possibilidades vulcânicas de criação.

É nessas entradas provocativas do encontro com as filosofias de Gilles Deleuze e de alguns autores contemporâneos que dialogam com ele, que pulsam as linhas de esboço do plano com as imagens do cinema, que apresento a seguir.

Pensando com as imagens de cinema

> Pensamos que a narrativa se refere em geral à relação sujeito-objeto e ao desenvolvimento dessa relação (enquanto a narração se referia ao desenvolvimento do esquema sensório-motor). O modelo de verdade encontra então sua expressão plena não mais na conexão sensório-motora, mas na 'adequação' do sujeito e do objeto. (Deleuze, 2007, p. 179).

Embora critique o pensamento com a representação, quando escolho imagens do cinema (que poderiam ser também fotografia e pintura) para pensar o campo da educação, continuo a apostar na centralidade *do olhar*.

Para tanto, adentro-me na discussão da representação pelos fios do pensamento de Gilles Deleuze a respeito da *linguagem*. Com tal opção, acredito que eu responda afirmativamente à possibilidade da diferença sem identidade e, com isso, me desloque das ideias de consciência e subjetivação, que são um limite, por exemplo, que alguns filmes do cinema brasileiro (como "2 perdidos em uma noite suja" de José Joffily, 2002; "Ônibus 147", de José Padilha, 2002 e "Nome próprio" de Murilo Salles, 2007), que foram objeto de análises em textos anteriores, querem manter 'figurando', mas que, na edição, montagem e fotografia dos filmes, abrem brechas para diferirmos, e às potências da desfiguração que não atua na forma (não fazendo sentido, portanto, pensar com o efeito da transformação, mudança e formação) e, sim, nas linhas de força para as quais a violência é fundamental.

As imagens, nesse filmes, propõem uma aprendizagem como um ato violento do pensamento; o signo como violência na/da linguagem. Acredito, também, que a análise da edição e montagem desses filmes torna mais explícitas expressões que sugiram um determinismo, uma armadilha, ao propor a substituição da palavra expressa pelo silêncio que grita. Ou seja, a análise empreendida com esses filmes, conectando imagens a conceitos da filosofia de Gilles Deleuze, traça sugestões de como pensar sem a estruturação das relações de poder e de como encontrar caminhos, com as imagens e as palavras, da fuga da representação (e, quem sabe, libertar o *sujeito* do *homem*).

As relações entre representação e acontecimento, compreendidas a partir de algumas obras de Gilles Deleuze, têm sido importantes para que eu busque alternativas ao pensamento representacional, criticado fortemente pelo filósofo francês e, em contrapartida, força estruturante com intensa nomeação dentro do campo da Educação, quando conectada a palavras como crítica e política.

A linha em comum, com a qual posso deslizar no pensamento que associe Deleuze e Educação e que está atravessada pelo conceito de acontecimento, compõe o plano linguagem-acontecimento-diferença-mundo. Pois bem, apostar na dupla presença do acontecimento (*mesmo tempo pela linguagem e pelo mundo*, segundo Zourabichvili) e, em especial, potencializar sua efetuação política tem sido possível para mim à medida que penso com as teorias de signo e sentido, também aprendidas nas leituras de textos do filósofo francês Gilles Deleuze a respeito da literatura, das artes plásticas e do cinema.

Pensar a educação como signo no meio, num campo de forças e vetores da arte (em especial pelas imagens do cinema e da literatura), é uma proposta instigante para mim.

No II CIPA, apresentei um caminho do diálogo com esses conceitos intercessores a partir da arte, com o plano de composição, para o qual não importa o "em si" dos objetos, suas formas, suas cores, mas importam as sensações; apresentei uma primeira versão de trabalho com imagens do cinema brasileiro, associando-as, criativamente, aos conceitos e imagens que Gilles Deleuze produziu sobre/para Francis Bacon e que, posteriormente, foi estendida e publicada em Amorim (2006; 2009a).

Nos referidos textos, trabalhei com as relações entre sensação e as desfigurações e, em alguns momentos, pude adentrar na possibilidade das afigurações (sem figura, figuração, representação de sujeitos), nas intensidades, nas energias que se desprendem da obra de arte (e, no texto, assumi as imagens do cinema nesta mesma condição). A afiguração não centraliza o sujeito e, sim, os corpos; nesta direção, torna-se potente o conceito de devir como afecto, como aquilo que agencia a sensação encarnada nos corpos.

Nesta ritmação, apareceram como importantes os conceitos de identidade e sua estabilidade na constituição aglutinadora dos devires e das políticas de identificação, em especial nas redes de poder. A fuga deste plano de sensações é abertura para o encontro com outros tempos, experimentação que fiz no referido artigo, e com qual cheguei à proposição do currículo*desfiguração* (AMORIM,

2009c), linha de fuga e de encontro com a sensação. Desfiguração porque, em algumas dobras, mantém a figuração do sujeito como substrato para o campo de forças atuar. Em outro texto (AMORIM, 2009b), ainda insistindo na relação entre personagem e figura, trabalhei com os conceitos de devir e com a inevitável sensação da personagem do filme "Nome Próprio" de perda do mundo real, talvez no que se possa chamar de ênfases da pós-modernidade. Neste filme, encontramos imagens cujo jogo de forças perturba-se entre a melancolia e a narrativa cíclica. O real simplesmente sobrevive, é vigiado apenas, não há reelaboração da realidade – esta continua em sua condição bruta – pois não se trata de reconstituir o mundo, mas de vigiá-lo.

A duração, efêmera, que o cinema, a fotografia e a memória querem perpetuar. O alisamento dos territórios ritmados pelos conceitos de Gilles Deleuze sobre a obra de arte e o cinema, pelas vias da sensação e duração, é potente neste fluxo de pensamento que venho compondo.

O que alguns estudos sobre cinema brasileiro apontam para o fenômeno da distopia ao invés da utopia, ou seja, a figuração do povo brasileiro em produções cinematográficas mais recentes como uma anomalia das formas puras, uma deformação do que se desejava ou se esperava constituir-se como o brasileiro, e o fim das utopias revolucionárias e de transformações para a equidade social, pode ser uma entrada para pensarmos com quais tipologias das experiências culturais e das identidades culturais poderíamos articular os estudos de currículo, numa vertente da análise social.

A distopia seria uma nova identificação do brasileiro? Como ainda pensar as identidades e encontrar os espaços lacunares, vazios e de abertura à vida na camada social desfigurada? O campo da educação alcança pensar em um plano que vislumbre o futuro ou o adensamento do presente tem sido nossa linha de força de um diagrama do invisível?

As comédias contemporâneas do cinema nacional, com forte apelo popular, são uma fonte interessante para estender tais perguntas e desdobrar respostas. Concentremo-nos, por exemplo, nos dois sucessos de bilheteria produzidos por Daniel Filho, os filmes "'Se eu fosse você" e "Se eu fosse você 2", em que os atores da Rede Globo de Televisão, Glória Pires e Tony Ramos, são os protagonistas.

Essa relação entre cinema e TV poderia ser compreendia como "uma das condições de imagem-tempo em que uma mesma transformação arrasta o cinema de ficção e o cinema de realidade, e confunde suas diferenças: no mesmo movimento, as descrições tornam-se puras, puramente óticas e sonoras; as narrações, falsificantes; as narrativas, simulações [...] É uma terceira imagem-tempo" (DELEUZE, 2007, p. 188). A potencialidade de pensar o conceito de acontecimento (sentido da e pela linguagem para Deleuze) e o conceito de imagem-tempo, conjuntamente, neste tipo de produção cinematográfica têm-me provocado e com tal articulação arrisco-me.

É-me instigante pensar que se cria na relação entre cinema e televisão, pelos personagens/atores/pessoas, uma série do tempo que reúne o antes e o depois num devir, ao invés de separá-los: seu paradoxo está em introduzir um intervalo que dura no próprio momento. *E é neste momento que novas possibilidades de identificação do popular com a identidade nacional brasileira se efetuam.*

À semelhança das criações que fiz com os demais filmes, a discussão a respeito da centralidade dos personagens no desenvolvimento do filme e a escolha de alguns tipos de imagens conectando-as com outros tipos de imagens e conceitos (da arte e da filosofia) também são linhas argumentativas neste caso. Concentro-me, portanto, nas invenções que Gilles Deleuze faz a respeito da potência do falso, no livro *Imagem-tempo*, e mais focadamente escolho nuances da teorização do filósofo que nos permitam pensar a respeito da narrativa das/com/nas imagens.

Um certo tipo de cinema 'popular' que produz comédias é uma resposta ao que Debora Shaw (2003) indica como a necessidade de uma viabilidade comercial que levou os críticos do cinema nacional e os produtores brasileiros mais jovens a se envolverem em um contínuo debate a respeito de como reconciliar a originalidade artística e sua integridade com as leis de mercado. A viabilidade comercial encorajou muitos produtores a retornarem ao estilo do cinema do passado (em termos de estilo cinematográfico). Outros apostaram no sucesso contínuo dos programas nacionais de TV e de música popular contemporânea para criar filmes estrelados por artistas populares de ambos os domínios e espaços. Há, igualmente, um grupo de filmes produzidos parcialmente por produtores associados a canais de televisão; e é a respeito deste último grupo que se criam sentidos da relação entre personagem, imagem e narração neste artigo.

Para Deleuze, existem dois regimes da imagem, um orgânico e um cristalino, ou, de forma mais geral, um regime cinético e um regime crônico. O primeiro ponto refere-se às descrições: "as orgânicas pressupõem a independência de um meio qualificado e servem para definir situações sensório-motoras, enquanto as descrições cristalinas, que constituem seu próprio objeto, remetem a situações puramente óticas e sonoras desligadas do seu prolongamento motor: um cinema de vidente, não mais de actante" (DELEUZE, 2007, p. 155/156).

O segundo ponto refere-se à relação entre o real e o imaginário. Numa descrição orgânica, para o autor, o real suposto é reconhecido por sua continuidade; há leis que determinam as sucessões, as simultaneidades, as permanências: é um regime de relações localizáveis, de encadeamentos atuais, conexões legais, causais e lógicas. As imagens desse tipo se atualizarão na consciência, em função das necessidades do atual presente ou das crises do real. O regime orgânico compreenderá esses dois tipos de existência como dois polos opostos: os encadeamentos atuais, do ponto de vista do real, e as atualizações na consciência, do ponto de vista do imaginário.

O terceiro ponto já não se refere à descrição, mas à narração. "A narração orgânica consiste no desenvolvimento dos esquemas sensório-motores segundo os quais os personagens reagem a situações, ou então, agem de modo a desvendar a situação. É uma narrativa verídica, no sentido que aspira ao verdadeiro, até mesmo na ficção" (DELEUZE, 2007, p. 157).

Bem diferente é a narração cristalina, pois ela implica um desmoronamento dos esquemas sensório-motores. As situações sensório-motoras deram lugar a situações óticas e sonoras puras, às quais as personagens, que se tornavam videntes, já não podem ou querem reagir, pois precisam, muito, conseguir 'enxergar' o que há na situação. No nosso grupo de estudos, a dissertação de Mestrado de Pámela Zacharias Sanches Oda (*Personagens que se perdem em um caos sonoro e imagético*), em andamento, trabalha com a intensidade inventiva desses conceitos na análise de videoclipes de Michel Gondry, e extrai das composições do artista o papel das personagens em um universo de sensação ótica e sonora pura. Um produto destinado a ser propaganda comercial de discos e dvds ganhando tal dimensão estética de cinema-arte é linha de aglutinação no seu trabalho a respeito do uso destes estilos de *olhar* as imagens e, com elas, nos educarmos nos tempos atuais.

No caso dos filmes produzidos por Daniel Filho, de quem é também o argumento, há a insistência na organização familiar da sociedade brasileira, marcada por uma 'desestruturação' que, em outros estilos de cinema nacional, como apontam Stephany Dennison e Lisa Shaw (2004), particularmente os *da retomada*, possibilitaram a discussão político-estética do futuro da sociedade brasileira em um misto de pessimismo e de retorno às origens, fora da marginalidade da cidade.

"Se eu fosse você" não está interessado nesse tipo de inserção no jogo das identificações do brasileiro e da brasileira; o que me parece interessante de pensar é que a mudança de papéis da mãe e do pai, da mulher e do homem, sugere uma persistência representacional do núcleo familiar, mas em uma condição desvinculada do real, em que, porém, as personagens da novela, ficção fabulante, conseguem com o espectador intimidade pela experiência anterior. "O cineasta se torna um outro, na medida em que toma personagens reais como intercessores, e substitui suas ficções pelas próprias fabulações deles, mas, inversamente, dá a essas fabulações a figura de lendas, efetua a sua 'ascensão à legenda'" (DELEUZE, 2007, p. 185).

De acordo com a sinopse do segundo filme, Cláudio e Helena, quando estão para formalizar a separação, trocam novamente de corpos. Já têm a experiência anterior e, assim, se preparam para esperar que passem quatro dias, tempo que demorou para acontecer a 'destroca' na primeira vez. Mas nada acontece. Na sinopse do filme (www.seeufossevoce.com.br), surge a pergunta: "Será que têm alguma lição ainda para aprender?". Neste segundo filme, eles têm que organizar o casamento da filha. Destaque-se o fato de Tony Ramos interpretar um canastrão, engraçadíssimo, que rouba as cenas na maioria das vezes. Este tom de comédia não é o comum em sua atuação em telenovelas. Nem mesmo o é de Glória Pires.

Ao criar uma posição entre cinema e televisão, essas comédias populares são uma narração que deixa de ser verídica[9], quer dizer, de aspirar à verdade, para se fazer essencialmente falsificante:

> está sempre se modificando, a cada um desses episódios, não conforme variações subjetivas, mas segundo lugares desconectados e momentos descronologizados. Há uma razão profunda para essa nova situação: contrariamente à forma do verdadeiro que é unificante e tende à identificação de uma personagem (sua descoberta ou simplesmente sua coerência), a potência do falso não é separável de uma irredutível multiplicidade. 'Eu é outro' substituiu Eu=Eu. (DELEUZE, 2007, p. 163).

"Se eu fosse você" é uma potência do falso que substitui e destrona a forma do verdadeiro, pois ela afirma a simultaneidade dos presentes incompossíveis[10] ou a coexistência de passados não neces-

9. A narração verídica se desenvolve organicamente, segundo conexões legais no espaço e relações cronológicas no tempo.

10. A linha reta como força do tempo, como labirinto do tempo, é também a linha que se bifurca e não para de se bifurcar, passando por *presentes incompossíveis*, retomando *passados não-necessariamente verdadeiros* (Deleuze, 2007. p. 160).

sariamente verdadeiros. E a articulação com as novelas da TV Globo, criando o tempo para a terceira imagem, é a condição inventiva para que a narração falsificante se torne narrativa que associa sujeito (brasileiro) ao objeto (personagens do cinema e da novela).

É também interessante pensar o filme nesta dimensão, quando se atenta para o fato de que o que acontece é uma fantástica experiência 'fora do corpo', como anuncia a sinopse do segundo filme. Tal experiência convida os espectadores a lançarem neste corpo de fora uma coerência do personagem (que não se sabe mais quando ou quem é) que constitui a ideia de família brasileira. Identificação segundo lugares desconectados e momentos descronologizados. Este fora do corpo é abertura para a narração cristalina?

As *provocações* apresentadas neste texto movem-me a pensar que merece ser aprofundada a compreensão de conceitos como experiência (a partir da arte) e do acontecimento (a partir do tempo da história e da filosofia da diferença) para vislumbrar políticas e inserções éticas de nossos trabalhos acadêmicos, afirmando-as dessubstancializadas do gênero humano e da ideia do sujeito.

Referências Bibliográficas

AMORIM, A. C. R. Non-figurative narratives or life without subjects. In: SCHERTO, Gill (Org.) *Exploring selfhood: finding ourselves, finding our stories in life narratives.* 1e. Brighton: University of Brighton and Guerand Hermès Foundation, 2009a. p. 167-190.

_____. The day after the end, becoming post-. *Biopolitics, Ethics, and Subjectivation: Questions on Modernity. international conference & summer university.* Hsin Chu: Editora da Graduated Inst. for Social Research and Culture Studies of National Chiao Tung University, v. 4, p. 87-103, 2009b.

_____. CurriculumDisfiguration. In: PINAR, William (Coord). *Report of Research Intellectual Advancement Through the Internationaliza-*

tion of Curriculum Studies. Canada: Social Sciences and Humanities Research Council, 2009c. 25 p.

_____. Fotografia, som e cinema como afectos e perceptos no conhecimento da escola. *Teias*. Rio de Janeiro, ano 8, no. 15-16, jan/dez 2007.

_____. Invisível e não enunciável: cinema brasileiro e amnésia de identidades. *Educação e Sociedade*, v. 27, p. 1367-1372, 2006.

_____. Photografias, escritascotidiano e currículos deformação. In: FERRAÇO, C. E. (Org.). *Cotidiano escolar, formação de professores(as) e currículo*. São Paulo: Cortez, 2005. p. 112-127.

_____. Imagens e narrativas entrecortando a produção de conhecimentos escolares. *Educação e Sociedade*, São Paulo, v. 25, n. 86, p. 37-54, 2004.

BIRMAN, Joel. Os signos e seus excessos: a clínica em Deleuze. In: ALLIEZ, Éric (Org.). *Gilles Deleuze: uma vida filosófica*. São Paulo: Editora 34, 2000. p. 463-478.

DELEUZE, G. *A Imagem-tempo*. Tradução Eloísa de Araujo Ribeiro. São Paulo: Brasiliense, 2007.

DENNISON, S.; SHAW, L. *Popular cinema in Brazil*. Manchester and New York: Manchester University Press, 2004.

LAZZARATO, M. Machines to Crystallize Time: Bergson. Teory. *Culture & Society*, Vol. 24(6): 93-122, 2007 (disponível em http://tcs.sagepub.com - acesso em abril de 2008).

PARENTE, A. (Org.) *Imagem-máquina:* a era das tecnologias do virtual. São Paulo: Editora 34, 2004.

SHAW, D. *Contemporary cinema of Latin America*. 10 key Films. London: Continuum, 2003.

SPEGLICH, E. *Duração*: entre imagens do Programa Biota/Fapesp. Tese (Doutorado em Educação) – Universidade Estadual de Campinas, Campinas, 2009.

WUNDER, A.; SPEGLICH, E.; ANDRADE, E. P. e AMORIM, A. C. R. Imagens que acontecem nos deslocamentos em/de pesquisas. In: PAGNI, Pedro (Org.). *Perspectivas contemporâneas da Filosofia da Educação*. Coletânea de textos do I Simpósio Internacional em "Educação e Filosofia". Marília: FFC/Unesp. 2006. 16 p.

ZOURABICHVILI, F. *O vocabulário de Deleuze*. Tradução André Telles. Rio de Janeiro: Relume Dumará, 2004. 122 p.

Artes de narrar, artes de formar: espaços (auto) biográficos e educação

Los maestros contadores de historias: relato de una experiencia de formación y escritura

Gabriel Jaime Murillo Arango

Uno

El ímpetu de las reformas globales que afectan el mundo de la educación hoy amenaza con minar la confianza en las experiencias vividas y el valor de su transmisión a los que vendrán. Como si de las experiencias del inmediato o remoto pasado se alcanzara a ver no más que las ruinas humeantes de un desesperanzado atraso, y entre ellas, las vidas de maestros sin historia ni futuro.

Aunque la pobreza de la experiencia no es atribuible a un efecto de voluntarismo –como captó con agudeza Walter Benjamín al contemplar el lúgubre retorno de los soldados del campo de batalla, enmudecidos y apáticos, expropiados de toda posibilidad de tener y transmitir experiencias, al tiempo que lanzaba al rostro de la modernidad esta pregunta incómoda: ¿de qué vale la educación si no está asociada a la experiencia?– sino a un rasgo esencial de las actuales "sociedades de individuos". En estos términos es interpretado el pensamiento benjaminiano a ojos de un lector de nuestro tiempo:

> Sin embargo hoy sabemos que para efectuar la destrucción de la experiencia no se necesita en absoluto de una catástrofe y que para ello basta perfectamente con la pacífica existencia cotidiana en una gran ciudad. Pues la jornada del hombre contemporáneo ya casi no contiene nada que todavía pueda

> traducirse en experiencia: ni la lectura del diario, tan rica en noticias que lo contemplan desde una insalvable lejanía, ni los minutos pasados al volante de un auto en un embotellamiento; tampoco el viaje a los infiernos en los trenes del subterráneo, ni la manifestación que de improviso bloquea la calle, ni la niebla de los gases lacrimógenos que se disipa lentamente entre los edificios del centro, ni siquiera los breves disparos de un revólver retumbando en alguna parte; tampoco la cola frente a las ventanillas de una oficina o la visita al país de Jauja del supermercado, ni los momentos eternos de muda promiscuidad con desconocidos en el ascensor o en el ómnibus. El hombre moderno vuelve a la noche a su casa extenuado por un fárrago de acontecimientos -divertidos o tediosos, insólitos o comunes, atroces o placenteros sin que ninguno de ellos se haya convertido en experiencia.
> Esa incapacidad para traducirse en experiencia es lo que vuelve hoy insoportable -como nunca antes- la existencia cotidiana, y no una supuesta mala calidad o insignificancia de la vida contemporánea respecto a la del pasado (al contrario, quizás la existencia cotidiana nunca fue más rica en acontecimientos significativos).[11]

En el corazón de esta paradoja histórica del presente es viable situar la reciente vindicación de los relatos de experiencia de maestros, según la cual asistimos simultáneamente al empobrecimiento o segmentación de la experiencia en la vida cotidiana y a la expansión de un "espacio biográfico" concomitante con la reacción de sujetos hasta ahora sepultados por el peso de las determinaciones de estructuras ajenas a la trayectoria de las vidas humanas. En éste cobran valor la memoria oral, las historias de vida y la narrativa de experiencias, no solamente como un tema de fuentes o métodos relacio-

11. AGAMBEN, Giorgio (2007). *Infancia e historia. Destrucción de la experiencia y origen de la historia*. Buenos Aires, Adriana Hidalgo, p.8-9.

nado con determinado enfoque de investigación, sino más todavía como piedra de toque en los trayectos de formación. Ciertamente, en los últimos treinta años se ha visto la consolidación de un campo disciplinario: *Biographical Research*, *Biographieforschung*, en los países anglosajones, así como la proliferación de *Histoires de vie en formation* y de la *Investigación biográfico-narrativa* en los ámbitos académicos de Francia e Iberoamérica, además de la conformación de redes, asociaciones regionales y nacionales, y grupos de cooperación internacional, cuyo avance ha hecho posible la realización de encuentros académicos y de un sinnúmero de publicaciones.

El advenimiento del capitalismo global durante las últimas décadas del siglo XX, y su incidencia en los cambios de modelos de existencia y estilos de vida, muestra a la vez los rasgos de una nueva configuración de las relaciones de los individuos en la sociedad en la que la biografía, en cuanto proceso de construcción de la existencia individual, deviene el centro de producción de la esfera social.[12] La eclosión de narrativas del yo en el mundo actual permite delinear un espacio biográfico[13] cruzado por la intencionalidad de apresar el instante fulgurante de la vivencia y así rescatarla del olvido en la sucesión monótona de todos los días, para dejar la huella, el trazo del signo, la marca del yo. En él se reúnen varias clases de registros narrativos de vida, canónicos, innovadores o deconstruccionistas, escritos o audiovisuales o dramatizados, prácticamente al alcance de quien quiera: biografías, autorizadas o no, memorias, autobiografías, diarios personales, cuadernos de viaje, historias de vida, novelas, películas, entrevistas en vivo y en directo, *performances*, *reality shows*:

> En efecto, cada vez interesa más la (típica) biografía de notables y famosos o su "vivencia" atrapada en el instante; hay un

12. DELORY-MOMBERGER, Christine (2009). *La condition biographique. Essais sur le récit de soi dans la modernité avancée*. París, Téraedre, p. 13.
13. ARFUCH, Leonor (2007). *El espacio biográfico. Dilemas de la subjetividad contemporánea*. Buenos Aires, Fondo de Cultura Económica.

> indudable retorno del autor, que incluye no sólo un ansia de detalles de su vida sino de la "trastienda" de su creación; se multiplican las entrevistas "cualitativas" que van tras la palabra del actor social; se persigue la confesión antropológica o el testimonio del "informante clave". Pero no sólo eso: también asistimos a ejercicios de "ego-historia", a un auge de autobiografías intelectuales, a la narración autorreferente de la experiencia teórica y a la autobiografía como materia de la propia investigación, sin contar la pasión por los diarios íntimos de filósofos, poetas, científicos, intelectuales. Y, hay que decirlo, a veces no hay muchas diferencias de tono entre esos ejercicios de intimidad y la intrusión en las vidas célebres o comunes que nos depara diariamente la televisión.[14]

No obstante la radical novedad de nuestros días, ya con Rousseau la narración de la intimidad atraviesa la frontera que separa lo público de lo privado sobre la que se funda el orden burgués, para instalarse definitivamente en el orden de representaciones de la vida moderna. Desde entonces el relato de la propia vida y la revelación de secretos íntimos opera como resistencia ante la fuerza invasiva del poder público que reviste la normalización de las conductas, por la vía de anteponer la "voz interior" como sello de autenticidad y criterio de validez de la razón, y en el acto de solicitar mediante una interpelación inicial la complicidad o indulgencia del lector. Con el célebre autor del *Emilio* se inaugura un modo de producción y de circulación de relatos de vida de un corazón solitario que se recrea en su historia, en medio de una naturaleza exaltada como guardiana de los bienes originarios de antes de la caída –una cierta ideología que no renuncia a sus derechos más de dos siglos después. A propósito de esta operación ambigua del corazón abierto a la vez a la naturaleza y a la historia, María Zambrano comenta:

14. Ibid., p. 51.

> Nace la vida novelesca, el vivir literario. Vida que en su propia expresión halla su objeto. "El ave que rasga el pecho / y da a comer sus entrañas por amor" de la poesía medieval, se ha tornado en el ave que se alimenta de sus propias entrañas. Pronto se formará ese dulce filtro que será la literatura de semiconfesión, poesía literaturizada, poesía novelesca, historiada, en que la secreta vida del corazón se ofrece para ser bebida, consumida por una avidez cada vez mayor. Será el Romanticismo. Pero, mientras esta forma de confesión no sea sustituida por otra, la literatura vivirá, seguirá viviendo del romanticismo, seguirá siendo la búsqueda, cada vez más exasperada, de un paraíso artificial.[15]

El concepto *vivencia* se identifica en los albores de la literatura biográfica con la intención de entender la obra desde la vida, y se extiende hasta nosotros con un aura desprevenidamente natural para dar cuenta no sólo de lo vivido fácticamente por uno mismo sino de los efectos duraderos de significado que poseen las experiencias vividas. Así se asume como algo inolvidable e irremplazable; no el simple recuento de episodios aislados y carentes de significado duradero sino la vivencia que sucumbe al encanto de la aventura, la que a pesar de sustraerse del decurso habitual de las cosas, lanzada a lo incierto, no deja de mantener los nexos con lo que interrumpe, según afirma Gadamer[16]:

> Lo que vale como vivencia no es algo que fluya y desaparezca en la corriente de la vida de la conciencia: es algo pensado como unidad y que con ello gana una nueva manera de ser uno. En este sentido es muy comprensible que la palabra surja en el marco de la literatura biográfica y que en última instancia proceda de contextos autobiográficos. Aquello que puede

15. ZAMBRANO, María (2004). *La confesión: género literario*. Madrid, Siruela, p. 88.
16. GADAMER, H.G (1996). *Verdad y Método*, I, Salamanca, Sígueme, p. 103.

ser denominado vivencia se constituye en el recuerdo. Nos referimos con esto al contenido de significado permanente que posee una experiencia para aquel que la ha vivido.

Ricoeur, por su parte, afirma que la comprensión de sí mismo no puede estar sino implicada en la noción de identidad narrativa: "*comprenderse es apropiarse de la historia de la propia vida de uno*". Pero uno no puede hacer el relato de su vida sino conducido por los relatos de otros, reales o imaginarios, por los relatos que hemos leído o nos han contado o nos hemos dicho, y es así como nos hacemos lectores de nuestra propia vida. Toda acción educativa tiene como finalidad contribuir cada vez a la potenciación de dicha capacidad narrativa, en la medida en que el desafío de todo ser humano consiste en poder responder a la pregunta ¿quién soy?, construyendo el relato de su vida.

Dos

La avasalladora presencia en las sociedades contemporáneas de los diversos géneros de narrativa que ocupan las pantallas de los televisores en el espacio privado, en la radio, en internet, las producciones de las ciencias sociales, las artes y la literatura, también se percibe en el campo educativo. Aquí han tenido lugar una profusa divulgación de historias de vida de diferentes actores, el uso de técnicas narrativas en disímiles trabajos de campo, y la revisión de los protocolos admitidos en la presentación de tesis académicas, con el debate sobre la función de la narrativa en la educación como telón de fondo. El interés por el tema no se queda en los círculos herméticos de investigadores y expertos, sino que permea la vida cotidiana en las escuelas e informa los cambios en los planes de formación inicial y continua de maestros, junto con el intercambio de experiencias de prácticas tendientes a mejorar los procesos de aprendizaje de niños, jóvenes y adultos con base en los relatos de los mismos protagonistas, además de la atención centrada en la persona del sujeto que enseña, lo cual ha permitido configurar una línea de investigación acerca de la vida profesional de los docentes.

La creciente atención por el conocimiento del profesor como persona no deja de sorprender a posteriori, tratándose de la comprensión de algo tan intensamente personal como es la enseñanza, en franca resistencia contra el legado de teorías en las que los profesores más parecen cifras intercambiables en una serie de análisis cuantitativo o notas históricas a pie de página en el contexto de un análisis funcional de roles de los agentes sociales o, peor aún, victimarios condenados por el sistema a la transmisión de la ideología dominante o víctimas del sistema[17]. El grito de protesta hizo eco en *El enseñante es también una persona*[18], una compilación breve de varios trabajos sobre los conflictos y tensiones del trabajo docente, en donde se rinde testimonio de un saber en marcha, fruto de la indagaciones de psicólogos, médicos psiquiatras y profesores en torno al problema común de la vida emocional de los que enseñan, en un esfuerzo por hacerse a un sitio en las ciencias de la educación. En lugar de una dirección única, el nuevo objeto de estudio se despliega en múltiples direcciones: el profesor como práctico reflexivo, el profesor investigador de su propia práctica, el análisis fenomenológico de las interacciones que tienen lugar en el espacio escolar, otras según el énfasis puesto en las categorías de género, etnia, diversidad o multiculturalismo.

Las raíces epistemológicas del interés manifiesto en las narrativas en educación, como también en la literatura, el derecho y la vida, de suyo nos sitúan en el umbral de las puertas de la cultura. Lo que hacen los sujetos cuando dicen o anotan algo de la experiencia de sí mismos o en relación con otros, no es una aspiración ingenua a

17. GOODSON, Ivor (2004). *Historias de vida del profesorado*, Barcelona, Octaedro-EUB, ps. 28-29.
18. ABRAHAM, Ada (2000). *El enseñante es también una persona. Conflictos y tensiones en el trabajo docente*, Barcelona, Gedisa.

capturar el instante inmaculado de la sucesión del tiempo, sino la huella del recuerdo, del tiempo recobrado, que adquiere ya la forma del relato. El papel de la educación en este proceso de afirmación de la identidad personal a través de la narrativa se inscribe entre el deseo de narrar y la narración del deseo:

> La educación se orienta, de un lado, a la formación de una identidad personal que se encuentra comprometida con la recepción conjunta –especialmente en la lectura- de los textos históricos y de ficción (lo que nos conduce a un deseo progresivo de seguir narrando el mundo a los demás, especialmente a los recién llegados) y, de otro, nuestro aprendizaje como humanos es, en el fondo, una práctica narrativa dentro de la cual aprendemos a contarnos mejor lo que somos y quiénes somos, cuáles son nuestros deseos, nuestras pasiones, nuestros propósitos, nuestras creencias e intenciones. El sujeto humano es, así, parcialmente el producto de una pre-construcción narrativa. El trabajo, el consumo, la violencia, el sexo, la muerte, la educación, no podrían existir fuera de una *estructura narrativa.*[19]

Es más, según la hipótesis radical de Jerome Bruner[20], son precisamente los modos de narrar y de conceptualizar que se han hecho habituales los que devienen en fórmulas de estructuración de la experiencia, dejando huellas en la memoria, no sólo guiando la vida narrativa al presente sino en dirección al futuro. Y es ésta la razón principal de por qué no resulta fácil cambiar las reglas de exposición de las narrativas de vida, pues así como fueron necesarias ciertas "condiciones metafísicas", condicionadas históricamente, para que los relatos íntimos se volvieran un género literario, igual se requeri-

19. BÁRCENA, F. y MÉLICH, J-C. (2000). *La educación como acontecimiento ético. Natalidad, narración y hospitalidad.* Barcelona, Paidós, p. 102.
20. BRUNER, Jerome (1987). Life as narrative. *Social Research*, 12 (54), 11-32.

ría de un cambio metafísico para alterar las ya existentes. No existe un ojo inocente o un ojo que penetre en la realidad tal como ésta es originalmente, sino que ella adviene a nosotros mediante los esquemas previos que han sido forjados en las vidas narradas. Expresado en estilo directo con palabras de Gabriel García Márquez: "La vida no es la que uno vivió sino la que uno recuerda y cómo la recuerda para contarla".

Los maestros y las maestras, más que cualesquiera otros sujetos, son contadores de historias por excelencia. Esta es la base de lanzamiento de un programa de investigación en dos partes, fundado en el conocimiento práctico de los profesores y la construcción social del currículo, sostenido a lo largo de varios años por Connelly y Clandinin.

> En primer lugar, necesitamos escuchar atentamente a los profesores y a otras personas dispuestas a aprender y a los relatos de sus vidas tanto dentro como fuera de clase. En segundo lugar, tenemos que contar nuestras propias historias en tanto que también nosotros vivimos nuestras propias (y colaborativas) vidas de investigadores y profesores. Nuestro propio trabajo, entonces, se convierte en un trabajo que consiste en aprender a contar y a vivir un nuevo relato de investigación en la enseñanza y en el aprendizaje que esté construido de forma colaborativa. Y lo que emerge de esta relación colaborativa son nuevas historias de los profesores y de quienes aprenden como creadores de currículos, historias que ofrecen nuevas posibilidades tanto para los investigadores y los profesores implicados como para aquellos que lean sus historias. Para el curriculum, y quizás para otras ramas de la investigación educativa, se trata de un programa de investigación que da 'algo que hacer a los profesores de curriculum'.[21]

21. Connelly y Clandinin (1995). Relatos de experiencia e investigación narrativa. *En: Déjame que te cuente*, Barcelona, Laertes, p. 51.

En el campo de la investigación narrativa en educación se identifican diferentes líneas en procura de integrar los estudios narrativos en los programas de formación de maestros[22]:

1. Narrativa y currículo: atendiendo a la raíz etimológica de *curriculum*, se hace énfasis más en la acepción "curso de vida" que "curso de estudios", de donde se define el currículo como el recuento de las vidas que profesores y alumnos desarrollan en los centros y aulas, y es construido como un relato (vivido y narrado) de las experiencias de enseñanza.
2. Narrativa y formación de maestros: se asume como premisa mayor el papel de los maestros contadores de historias, al tiempo de dar cabida a la autobiografía en los procesos de identificación profesional docente. Un capítulo aparte lo ocupa el trabajo de la llamada escuela de Ginebra acerca de los ciclos de vida profesional de los profesores.
3. Narrativa en la historia de la educación: tiene que ver con el descubrimiento de nuevas fuentes (orales, escritas, visuales, dramáticas) en momentos de una reconceptualización del discurso de la historia como relato narrativo, y de la utilización de las fuentes orales.
4. Narrativa en la vida organizacional e institucional: activa en las memorias, historias o crónicas en donde se pretende recobrar la tradición crítica en las instituciones educativas, junto con las voces de los actores del pasado y del presente.
5. Narrativa en la investigación: según Connelly y Clandinin, es preciso distinguir entre el fenómeno, el método y el

22. BOLÍVAR, Antonio, DOMINGO, Jesús y FERNÁNDEZ, Manuel (2001). *La investigación biográfico-narrativa en educación. Enfoque y metodología*. Madrid, La Muralla, ps. 217-256.

> uso de narrativas en educación, que constituye la premisa desde donde desarrollar un fértil programa de investigación colaborativa de maestros.

Sin embargo, en cualquiera de sus variantes, acecha el peligro de apropiarse del uso indiscreto de los métodos biográficos narrativos mediante la doble operación de conceder la voz a los sujetos silenciados a la vez que se instalan nuevos dispositivos de saber y poder, que puede manifestarse en una especie de confesión secularizada de las vicisitudes de la vida incardinada en nuevas "tecnologías del yo", inscritas en la lógica cultural conservadora del capitalismo global que mantiene la ilusión de un individuo autónomo, libre y responsable de sí mismo. De ser así, sus efectos (anti)sociales adquieren la forma de una conducta ciudadana "políticamente correcta".

Con todo, como expresan los Beck (citados por Bolívar y Domingo)[23],

> No sería exagerado afirmar que la lucha diaria por una vida propia se ha convertido en la experiencia colectiva del mundo occidental. Expresa lo que queda de nuestro sentimiento comunal. [...] La ideología del mercado neoliberal pone en práctica la atomización con toda su voluntad política. [...] Vivir la propia vida puede significar que muchos de los conceptos y fórmulas de la primera modernidad se han tornado inadecuados. La biografía normal se convierte, así, en biografía electiva, reflexiva.

23. BOLÍVAR, Antonio y DOMINGO, Jesús (2006). La investigación biográfica y narrativa en Iberoamérica: Campos de desarrollo y estado actual [112 párrafos]. *Forum Qualitative Sozialforschung / Forum: Qualitative Social Research*, 7(4), Art. 12, http://nbn-resolving.de/urn:nbn:de:0114-fqs0604125. Consultado 10 de octubre 2009.

Tres

En el transcurso de los años 2006, 2007, 2008, extendida al presente con variantes y a escala más reducida, tuvo lugar una experiencia de formación y de escritura colaborativa con maestros del departamento de Antioquia bajo la asesoría y acompañamiento de un equipo de la Facultad de Educación de la Universidad de Antioquia, con la tarea inicial de reordenar el texto de memoria de las experiencias en el oficio de enseñar y fijarlo en unas pocas páginas. Como eje transversal en los distintos momentos del proceso se adoptó el imperativo de dejar huella en el terreno compartido de la conversación, en ese poder oír la palabra del otro, sin ansia de someterla de inmediato a la mía, e incluso poder encontrar en el otro algo que no habíamos encontrado aún en nuestra experiencia del mundo.

En ningún caso se pretendía la producción de historias de vida en el sentido de textos acabados y redondos, comprensivos de un ciclo vital, sino más bien de relatos de vida a la manera de testimonios de las vivencias de un testigo que es al mismo tiempo el sujeto de la acción. Una distinción conceptual preliminar que hace eco de los diferentes significados de las palabras en lengua inglesa *life history, life story, story telling*, en francés *histoire de vie, récit de vie*, en español *historia y relato de vida*, y tiene menos que ver con la extensión y profundidad del producto de la escritura que con el estatuto de los discursos narrativos. Los relatos publicados, en efecto, no adoptan la forma de autobiografías propiamente dichas, ni de biografías o relatos escritos por terceras personas, como tampoco de fragmentos de un diario llevado con puntualidad por un etnógrafo solitario a la manera de Malinowski, ni de encuestas aplicadas uniformemente a un grupo focal, ni transcripciones fieles o transparentes de entrevistas; ni encajan precisamente en el molde en uso de las historias de vida en las ciencias sociales. Estos relatos de maestros son menos que eso, si se quiere, pero no por ello su relevancia disminuye considerada la función narrativa en la educación. Y es precisamente ésta la piedra de toque que abre la discusión acerca del por qué, para qué, y cómo la escucha de las voces de los maestros contribuye no solamente a comprender la enseñanza como narrativa, sino además a practicarla con conocimiento de causa de ese juego sutil que le es propio entre la inocencia y la experiencia, la improvisación y la prescripción, la pasión por los detalles y la coherencia en el orden del discurso.

Dos aspectos centrales guiaron la aventura de escribir: las dimensiones personales y profesionales, y la práctica pedagógica de los profesores, los que fueron tomados en préstamo de una matriz de análisis de los tipos de historia de vida de profesores[24], con la certeza de que la fuente principal de reconstrucción de los vínculos existentes entre las prácticas de enseñanza y la identidad profesional docente se parece menos a un álbum fotográfico hojeado con nostalgia, que a un depósito de materiales vastos y fluidos, según la imagen expresiva de Philip Jackson[25]:

> Empleo los elementos que pesco de ese depósito de diversas maneras. Algunos fueron recuperados y utilizados con tanta frecuencia que afloran al espíritu a la menor provocación. Estos representan eso que llamamos "anécdotas favoritas", "episodios divertidos" y "recuerdos queridos". Incluyen también incontables aspectos que funcionan más como porciones de conocimiento o como aptitudes bien dominadas que exactamente como recuerdos. Evoco fácilmente cómo hacer cosas relacionadas con la enseñanza (cómo planificar una clase) y recuerdo dónde se halla cada cosa (¡la sala donde enseñaré mañana, por ejemplo!). Reconozco las expresiones de confusión o aburrimiento en la cara de los alumnos, las cuales me indican que, pedagógicamente, algo estuvo mal encaminado. Por lo común puedo darme cuenta de cuándo conviene aban-

24. NÓVOA, Antonio (1996). *Vidas de professores*. Porto Editora: Porto, p. 20.
25. JACKSON, Philip (1999). *Enseñanzas implícitas*. Buenos Aires: Amorrortu, ps. 115-116.

> donar una línea de interrogatorio y cuándo continuar en ella. Sé qué se siente cuando una clase falla y cuándo está bien lograda. Sé lo que significa ser criticado por los propios estudiantes y lo gratificante que es que esos mismos jóvenes lo elogien a uno. Sé la incomodidad que se experimenta cuando se pierde el hilo del pensamiento en el momento de responder a la requisitoria de algún alumno. Conozco el olor de la tiza, cómo se siente su textura entre los dedos, el sonido que produce al deslizarse sobre la pizarra y las marcas que deja su polvillo en mangas y pantalones.

Si admitiéramos hablar de un guión de escritura –lo cual es inexacto-, se buscaba narrar la experiencia en la enseñanza vista desde una triple dimensión: del maestro como sujeto que afronta el desafío de todo ser humano que consiste en poder responder a la pregunta ¿quién soy?, construyendo el relato de su vida; del maestro realizador de una práctica profesional en las aulas y más allá de ellas; y del maestro como sujeto público investido de una considerable responsabilidad social.

La metodología empleada consistió en la organización del colectivo de maestros en varios grupos de tal modo que pudieran rotar por distintos talleres, al tiempo que se conformaron núcleos más reducidos dedicados a la discusión sobre las lecturas seleccionadas y, posteriormente, a una revisión crítica de los textos en el taller de escritura colaborativa. La enumeración de los talleres trasluce la intención de no disociar el acto de escritura de la reflexión pedagógica. El taller denominado "*La experiencia dos veces contada*", hace reconocibles los rasgos diferenciales entre una gramática de la expresión oral y la gramática del código escrito, con efectos prácticos en la acción de estimular el ejercicio de narraciones orales para el rescate de propuestas de escritura, así como de separar aguas entre la estructura propia de las historias de vida y la de los relatos de vida. El taller "*Por los caminos de la autobiografía*" hace hincapié en las fuentes que pueden ser utilizadas en la elaboración de relatos de vida: la entrevista, el texto iconográfico (fotografías), los cuadernos de notas, los diarios. Un momento de relax en los encuentros lo constituye el taller *"Biografía del cuerpo"*, en el que los participantes exploran los dominios del cuerpo figurado como un territorio; el cuerpo visto como representación, susceptible de una figura idealizada, objeto de aceptación o rechazo u ocultación, mapa de marcas, ritmos y acontecimientos significativos, esbozando un dibujo compuesto sólo por sensaciones, olores y colores. Pasado un momento inicial de perplejidad o desconcierto, los participantes pronto disfrutaban de los juegos: "Mandala, toda una vida en un eterno retorno", "el cuerpo que expresa", "memoria del cuerpo", "un rostro tejido con palabras", "voces de maestros". En el evento de clausura se asistió a una exposición de exlibris diseñados individualmente por los maestros en el marco de este taller. El acompañamiento en las horas difíciles de un ejercicio de escritura que se rinde más al temor del exceso de palabras que al vacío de la página en blanco, tuvo ocasión de poner en relación la narrativa de experiencias con las formas más difundidas de algunos géneros periodísticos: entre ellos, la crónica, el reportaje, la entrevista, que fue el tema del taller "*La crónica: otras voces para narrar-se*", un tipo de texto que cuenta con el respaldo de una genuina tradición en la cultura hispanoamericana, un texto que *nos* ha expresado por años.

El resultado final de los ejercicios de narrativa de experiencias de maestros muestra un paisaje de montañas, parcelas de pan coger, viajes a lomo de mula, que es el trasfondo donde se teje una carrera docente no necesariamente empuñando la tiza frente al tablero, sino con frecuencia la pala y el azadón como herramientas imprescindibles en el levantamiento de los muros y techos de la escuela. En ocasiones el paisaje se tiñe de desolación y tristeza, como en este recuerdo conmovedor de un maestro en medio de la selva del nordeste:

> Con la dedicación que me caracteriza, aprendí herramientas metodológicas para enseñar en una escuela que no tenía pupi-

> tres, en donde las paredes eran el paisaje, el techo el follaje de un árbol y la música el sonido sereno del río Tamar, el canto de las aves que se encontraban en la selva junto a la escuela, y las explosiones extemporáneas que producían los fusiles y granadas que en ocasiones interrumpían las clases y hacían de aquel lugar un campo de batalla.[26]

No pocos de los relatos comienzan con el recuerdo compartido de un acto de fundación, narrado en estilo sencillo, sin jactancia, pero con el orgullo natural de quien muestra su obra. No se trata aquí de retratos de individuos, sino más bien de comunidades, de una red dispersa y extendida de gente con iniciativas de autogestión en busca de mejorar las condiciones de existencia, cuyo eje pasa necesariamente por el territorio de la escuela, con lo cual se reafirma la naturaleza de la escuela como una institución decisiva de cohesión social. En estas páginas se percibe el olor a polvo de las tizas, del aserrín de los lápices pasados por el sacapuntas y de la transpiración del sudor, característicos de las aulas de clase infantiles, como también a cebollas, zanahorias, galpón de aves menores, a huerta y a cocina, toda vez que muchos de los relatos coinciden en narrar las experiencias del montaje de una huerta o un galpón de gallinas ponedoras o conejos como fuente principal de abastecimiento del restaurante escolar, en el desarrollo de una estrategia de proyectos pedagógicos y productivos que hace parte del plan departamental de seguridad alimentaria y nutricional. En la superficie de los textos compilados, sobresale también la figura de un maestro o una maestra que se resisten a la monotonía de aplicar un currículo prescriptivo diseñado por otros, alguien consciente de la necesidad de adecuar los estándares curriculares y las prácticas pedagógicas a las particularidades del entorno y los sujetos.

26. MURILLO, Gabriel (2007). *Maestros para la vida*: personas y ejemplos inolvidables. Medellín, Artes y Letras, p. 13.

Los breves relatos de vida de maestros labrados como cristales en los talleres de narrativa pedagógica, son exhibidos como un espejo, más que de individuos que alardean de tener una voz propia, de un colectivo que se mira a sí mismo para mostrar las adquisiciones y las privaciones, los avances como las dificultades, pero del mismo modo que todo espejo, igual nos permite ver el afuera de lo que no podemos ver por nosotros mismos.

Imagem, cotidiano e memória: entre as artes de viver, conhecer e formar

Valeska Fortes de Oliveira

Às vezes é bom ser morno

Às vezes é bom ser médio
Por vezes só no contorno
Por vezes só pra remédio

Ter tudo é ter tão pouco
É louco pra cachorro
Às vezes quase morro
De tanto querer viver

Gente não precisa ser
Sempre original
Ser igual é legal

Que é o tao do amor
Que é o tao do melhor
Que importância isso tem
Você é Deus também

A existência é sábia
Então faça-se o fácil
Pra quer ser complicado
Ser simples é tão bom

Meio é melhor que inteiro
Último nem primeiro
Se é tão bom assim
Pra que chegar ao fim

(Composição: Carlos Careqa e Adriano Sátiro)

Primeiras palavras

As primeiras imagens que apareceram, espontaneamente, ao ter que pensar na estrutura do texto evocando imagem, cotidiano e memória, foi a letra de Carlos Careqa e Adriano Sátiro. Tenho lembrado dela nestes tempos de complexidade. Talvez porque ela evoque o simples, o médio, o contorno, não destacando o definitivo, o original. ⊠Ser igual é legal [...] Pra que ser complicado, ser simples é tão bom. Meio é melhor que inteiro. Último nem primeiro.⊠ Talvez o cotidiano nas tramas das artes de viver encontre ressonância na letra do músico, pois encontramos na etimologia da palavra "o que sucede todos os dias, diário; que sucede habitualmente (do latim *quotidie*)". Cotidiano, também, é um dos temas propostos no programa da disciplina de Sociologia da Educação II, organizada para colocar os (as) acadêmicos (as) do Curso de Pedagogia e de outras licenciaturas diante de estudos e debates sobre temas que fazem parte do dia a dia do professor e para os quais precisam prestar atenção, acionando uma escuta e um olhar mais sensível. Desenvolver uma escuta e um olhar sensível na observação do cotidiano nos coloca diante de um trabalho, de uma experimentação necessária, pois concordando com Teves (1992, p. 9):

> Da mesma forma que o ouvir, é olhar e não o olho que informa a existência mundana das coisas. Isto quer dizer, o olho é natural, o olhar é socialmente desenvolvido. A fenomenologia ensina que é o olhar que faz aparecer o objeto; mais do que isso: a experiência perceptiva é que nos dá o visível e o invisível, dirá o eminente filósofo francês Merleau-Ponty.

A experiência de passar por um determinado lugar, muitas vezes, nos faz lembrar do mesmo, mas, como lembra Halbwachs (2006, p. 119), sendo a memória uma faculdade individual, "para sentir o que é o pensamento interior e pessoal, de início somos levados a deixar de lado e esquecer tudo o que lembra o espaço e os objetos exteriores." O estranhamento é o que faz aparecer, por exemplo, o despercebido no hábito de passar por um determinado lugar e lembrar sempre do mesmo. O que detona o campo perceptivo se prende ao mundo significativo. Por isso, continua Halbwachs, "a condição da memória, ou melhor, da forma da memória é tal, que só é verdadeiramente atuante e psíquica e não se confunde com o mecanismo do hábito" (Idem).

A memória, entendida neste sentido, não nos devolve a realidade de outrora, baseando-se nas diferenças. As coisas, como aponta Teves,

> enredam-se no mundo estranhamente em semelhanças e diferenças. Alavancar aquilo que é visto é uma atividade humana de destacá-lo dentre as demais. Como a figura e o fundo só se separam por atos intencionais da visão, o olhar "cria" o objeto visto e dele provém a magia de fazer aparecer detalhes, aspectos até mesmo invisíveis. Há no olhar a intenção de ver, por isso mesmo ele sonha, imagina, deseja, institui o visível e não apenas o fotografa. (1992, p. 10).

As artes de viver cotidianamente, para além da conotação de hábito, também encontrada na definição de cotidiano, nos colocam diante de uma apreensão do mundo que é intencional, constituída de interesses, de desejos, de sonhos. Estaríamos pensando numa concepção de cotidiano além do que se vê todos os dias, do familiar, acrescentando um ingrediente para além da duração.

É no cotidiano que nos tornamos observadores de nós mesmos e do outro, dos outros e do mundo, como aponta Mesquita:

> Sucede, porém, como ouvi recentemente, que essa observação se faz frequentemente a posteriori, e não se atualiza rapidamente, no momento do evento que nos envolve e muito mais raramente ainda estamos com a capacidade de atenção e ob-

> servação acuradas o suficiente de modo que a intenção de fazê-lo antecipe o evento. Isso nos assemelha ao paciente de amnésia antes referido, que não se dá conta do agir imediato, e não faz do hábito a oportunidade de uma experiência atenta. (1995, p.19).

Tenho dito aos estudantes, quando proponho exercícios em diferentes territórios onde podemos nos deter, produzindo uma experiência de olhar e escuta mais atenta, que a observação é um exercício de atenção cuidadosa, possível de ser pensada, a partir de dois movimentos: a auto-observação e a observação dos outros e os eventos em que se está envolvido, pondo uma atenção sobre como e onde isto ocorre. É um movimento de deslocamento dos nossos hábitos perceptivos. Tomo de empréstimo uma reflexão proposta por Valverde, quando propõe pensarmos recepção e sensibilidade numa proposição entre gosto e experiência.

> Esta colocação entre gosto numa região intermediária entre saber e prazer parece indicar, nas formulações habituais, uma perniciosa confusão entre o tipo de conhecimento prático, que se veicula espontaneamente através da atividade simbólica da cultura, com a cognição propriamente intelectiva, associada aos processos racionais e formalizados do conhecimento científico. O belo suscita em nós um tipo de satisfação indissociável da surpresa, portanto diz respeito à forma de compreensão que não se poderia reduzir ao simples reconhecimento da adequação dos nossos modelos de interpretação e explicação e à realidade que eles pretendem representar. O que gozamos no belo é "o puro remeter de uma coisa a outra coisa; por outras palavras, o seu caráter significante, independentemente de qualquer significado concreto". [...] excesso este que se apresenta, justamente, como prazer propriamente estético. (2003, p. 29)

Para além do trabalho com a análise da interpretação dos significados, os estudos sobre a recepção afastaram-se da dinâmica significante, deixando escapar todo um campo que envolve a compreensão do modo como somos afetados no processo comunicacional e na arte de viver cotidianamente. Num outro movimento formativo há possibilidades de outras experimentações. Há possibilidades de viver cotidianamente, sem pensar que esse seja repetitivo e sem alterações, caracterizado pelo tédio e pelo fastio. A possibilidade da (re)invenção nas artes de viver está no encontro que tivemos com o campo do imaginário, na possibilidade radicada no homem da imaginação criadora. Essa capacidade é acionada nas narrativas de vida e, também, foi uma das nossas aquisições como grupo.

Nossos exercícios na formação e na pesquisa

O Grupo de Estudos e Pesquisas em Educação e Imaginário Social vem, ao longo dos últimos anos, realizando estudos sobre formação de professores, psicologia grupal, dispositivos de formação, história de vida e imaginário. Tais estudos constituem o aporte teórico da pesquisa que ora iremos apresentar, pois, através deles, começamos a nos questionar se um grupo de estudos e pesquisas pode ser pensado como um dispositivo de formação.

A partir da observação do grupo que temos como objeto de pesquisa, percebemos que os participantes, ao longo da sua formação profissional, geralmente o apontavam como um território possibilitador de vivências e aprendizagens significativas. Diante desta constatação, elaboramos este projeto de pesquisa com o objetivo de conhecer a possibilidade de pensar o grupo como um dispositivo de formação, de conhecer e ampliar os referenciais de estudos e investigação sobre a formação docente na perspectiva do grupo, cotejando a experiência realizada nele.

Ainda, procuramos analisar os saberes e as representações construídas pelas pessoas que compartilham a experiência da produção coletiva em um grupo de estudos e pesquisas, buscando compreender os movimentos de produção de sentidos latentes e manifestos (sociais e individuais) no grupo; reconstruir a história de vida do grupo através das narrativas das pessoas que participaram e ainda participam dele, trabalhando com a memória dessas pessoas através de suas próprias histórias de vida, que elas construíram no/com o grupo por meio de vivências, bem como procuramos contribuir para a teorização do campo da formação de professores.

Consideramos necessário esclarecer os conceitos de grupo e dispositivo, pois estes nos acompanharão ao longo da pesquisa. Entendemos que *grupos* se constituem de pessoas que compartilham um objetivo comum e, por isso, estão ligadas entre si. Além deste objetivo coletivo, cada indivíduo possui suas significações particulares, fato que alimenta a dinâmica grupal. Fundamentando esta definição de grupo, trazemos Pichon-Rivière que caracteriza um grupo como:

> Um conjunto de pessoas que, ligadas por constantes de tempo e espaço e articuladas por sua mutua representação interna, se propõe de forma explícita e implícita a uma tarefa, que constitui sua finalidade, interatuando através de complexos mecanismos de assunção e atribuição de papéis. (PICHON-RIVIÈRE apud. GAYOTTO, 2001, p .29).

O *dispositivo grupal* pode ser entendido como uma ferramenta, algo que se cria com uma necessidade dos indivíduos a partir das significações que estão no nível consciente e também inconsciente dos participantes do grupo. Segundo Souto (2007), dispositivo é "*un espacio estratégico y táctico que es revelador de significados, analizador de situaciones, provocador de aprendizajes y nuevas formas de relación y organizador de transformaciones*".

Concomitantemente, é significativo ressaltar a importância da memória, sendo que a utilizaremos nesta pesquisa, por meio de sua exploração em relatos de historia de vida grupal. Deste modo, consideramos o trabalho com a memória uma forma de reconstruir experiências vividas. Assim, ressaltamos que "ao reconhecer a potência desta matriz – a memória – que reconstrói os saberes nas diferentes fontes onde foram gerados, temos uma ampliação do conceito de formação, remetendo-a a instâncias que transcendem a preparação profissional e a prolongam no tempo" (OLIVEIRA, 2008, p. 687).

Entretanto, podemos perceber o importante papel da memória na reconstrução das historias de vida dos participantes do grupo, sendo que este é visto como parte integrante da formação do sujeito, paralelamente ao curso de formação de professores.

Em seguida, apresentaremos a metodologia desta pesquisa e os resultados oriundos do entrelaçamento entre as falas dos participantes do grupo e a pesquisa bibliográfica.

Quando surgiu a ideia desta pesquisa, tivemos muita cautela em pensar como desenvolvê-la. Entendemos que a metodologia define os rumos e a qualidade da pesquisa, desde a escolha das obras até os variados momentos da coleta de dados e, ainda, que esta pesquisa deve ser significativa tanto para os pesquisadores quanto para os sujeitos participantes. Sendo assim, trazemos Minayo (2007, p. 14-15) que propõe como conceito de metodologia de pesquisa o seguinte:

> Entendemos por metodologia o caminho do pensamento e a prática exercida na abordagem da realidade. Ou seja, a metodologia inclui simultaneamente a teoria da abordagem (o método), os instrumentos de operacionalização do conhecimento (as técnicas), e a criatividade do pesquisador (sua experiência, sua capacidade pessoal e sua sensibilidade). A metodologia ocupa um lugar central no interior das teorias e está referida a elas.

A metodologia que por ora utilizamos consiste em "muito mais que técnicas. Ela inclui as concepções teóricas da abordagem, articulando-se com a teoria, com a realidade empírica e com os pensamentos sobre a realidade" (MINAYO, 2007, p. 15), pois, acreditando na importância do diálogo entre a pesquisa bibliográfica e a empírica, construímos o método por caminhos paralelos e complementares, a fim de que esta pesquisa não se tornasse "nem um empirismo desconexo, nem uma racionalidade no vazio" (BACHELARD, 1977 apud MARQUES, 2008, p. 103).

Inicialmente, a fim de aprofundar nossos conhecimentos acerca dos temas envolvidos na pesquisa, realizamos estudos bibliográficos referentes às temáticas que são objetos de uma aproximação mais fecunda em nossa investigação sobre grupos, especialmente as narrativas sobre um grupo. Concomitantemente aos estudos bibliográficos, iniciamos a coleta de dados pela análise das dissertações de mestrado dos participantes do grupo, a fim de procurar e destacar referências feitas ao grupo. Assim percebemos que ele era citado na maioria delas como um lugar de extrema importância para os sujeitos da pesquisa ao longo da sua formação tanto profissional quanto pessoal.

Continuando a busca por dados, enviamos ao e-mail coletivo do grupo fotos de diferentes épocas, para que os participantes pudessem narrar sobre suas impressões, sensações e representações que lhes surgem na memória, (re)visitando estes momentos. Compartilhamos com Bosi, quando ela diz que:

> As lembranças grupais se apoiam umas nas outras formando um sistema que subsiste enquanto puder sobreviver a memória grupal. Se por acaso esquecemos, não basta que os outros testemunhem o que vivemos. É preciso mais: é preciso estar sempre confrontando, comunicando e recebendo impressões para que nossas lembranças ganhem consistência. (BOSI, 1994, p. 414).

Também utilizamos, na coleta de dados, o símbolo do grupo, o olho, que enviamos a todos para que pudessem discorrer do significado deste símbolo para si. Neste momento, cada um atribui um significado diferente, mesmo sendo o mesmo símbolo, pois percebemos, de maneiras distintas, conforme nossas representações. Esse, por exemplo, é um exercício de observação que evoca um olhar sensível para um logotipo com que as pessoas participantes do grupo conviviam e conviveram cotidianamente, sem, porém, ter prestado atenção para os possíveis atravessamentos produzidos por essa imagem. A experimentação foi provocada acionando a experiência autoformadora, narrada de forma oral e escrita pelas pessoas do grupo.

Em busca das significações do que o grupo de pesquisa é para seus participantes, realizamos entrevistas orais semiestruturadas com participantes de diferentes épocas do grupo, as quais foram transcritas, submetidas à aprovação dos sujeitos e analisadas. As entrevistas eram compostas por questões que abordavam a breve descrição da trajetória do sujeito no grupo, as aprendizagens que este espaço possibilitou obter e a caracterização do grupo.

Definimos o método de análise dos dados das entrevistas por abordagem hermenêutica, buscando estabelecer uma aproximação entre os sentidos e os significados relatados nas falas dos participantes.

Dando continuidade à coleta de dados, surgiu a ideia de reconstruir a história de vida do grupo, por este existir havia tempo, a fim de sistematizar sua trajetória. Buscamos realizar este trabalho partindo de uma narrativa construída com base no material coletado até o momento, que foi enviado aos participantes para que cada um pudesse contribuir de acordo com suas lembranças e vivências dentro do grupo.

Nossa pesquisa encontra-se em andamento, mas alguns resultados preliminares já surgem. No caso específico da pesquisa que estamos realizando sobre grupos, o espaço grupal tem sido um lugar de formação para os seus participantes, sendo esta significativa para os sujeitos devido às (res)significações e (re)construções de conceitos e sentidos proporcionadas no grupo durante a participação ativa dos sujeitos neste espaço, paralelamente à realização de seus cursos de graduação, mestrado e doutorado.

Mesmo que a noção de grupo se modifique entre os participantes de diferentes épocas, a percepção que conseguimos ter sobre esse lugar de formação aborda diferentes sentidos e significados tanto individuais, quanto coletivos. A noção de grupo se modifica. Disse Anzieu (1978) que o grupo "*es uma puesta em común de las imágenes interiores y de las angustias de los participantes*" (p. 131), "*lugar de formentación de imágenes*" (p. 131).

Compartilhamos a visão de Souto et al. (1999, p. 155), quando afirmam que "*em toda situación de grupo hay uma representación imaginaria subyacente, común a la mayoría de los miembros del grupo*". Estas representações subjacentes são nosso foco de investigação a partir da complexidade do que seja um conjunto de pessoas que têm uma atividade mental comum, conjunto que se pode configurar num "grupo de trabalho" ou assumir outro tipo de desenho e característica. Nosso interesse se constrói desde as emoções, as imagens e os desejos que possam explicar o grupo e o dispositivo grupal, entendidos como "*espacios tácticos que generan efectos en el grupo. Un grupo inventa sus formaciones, es decir inventa las formas o figuras de sus significaciones imaginarias*" (SOUTO et al., 1999, p. 142).

No processo de investigação dos trajetos coletivos e individuais dos sujeitos no grupo, buscamos conhecer os sentidos e significados que definem esse espaço como formativo, bem como as aprendizagens nele construídas. Os sujeitos integrantes de um grupo se beneficiam de seus processos formativos, incorporando as experiências na sua biografia. O sujeito, portanto, "faz, também, parte do lugar. Reconhece e valoriza o lugar. Atribui sentidos ao que viveu naquele lugar e passa a percebê-lo como o seu lugar, mesmo quando lá já não habita" (CUNHA, 2008, p. 185).

Pudemos perceber os significados da experiência produzida no espaço grupal como destaque e por isso registrada em projetos e dissertações de mestrado. Uma das fontes utilizadas na pesquisa empírica desta investigação traz escritas autobiográficas que descrevem um pouco sobre esse espaço/lugar.

> Acredito que essa trajetória no grupo, as atividades complementares, os espaços de estudo e de debate referentes à formação de professores, ao imaginário social, à memória docente e às Histórias de Vida, bem como a inserção no cotidiano escolar, contribuíram para a confiança e o empenho na realização de um trabalho pedagógico comprometido e na escolha da pesquisa que fiz para o mestrado. As oportunidades e a inserção nas atividades desenvolvidas pelo grupo possibilitaram, além de uma formação profissional, espaços de convívio que ultrapassam o espaço da Universidade, como as festas, tanto em comemoração aos aniversários, aos casamentos, ao início e encerramento das atividades do ano, quanto de integração com os colegas do grupo, que estão em outras cidades e de rememoração da trajetória do Grupo. (Professora N.).

> Mesmo não tendo sido aprovada na seleção para o Mestrado em Educação em 2002. [...] Começo a integrar também, a partir de 2003, um grupo de pesquisa. [...] Minha inserção nos grupos de pesquisa acima citados tem sido fundamental para que eu possa continuar me formando pessoal e profissionalmente. Através desses grupos posso "alimentar" minha fome e sede de conhecer, com um saber especial, construído saborosamente. (Professora J.).

Nos dois relatos, extraídos de projetos e de dissertação de mestrado, realizados por professoras participantes do grupo, o registro dos sentidos e significados construídos sobre esse espaço mostra que ele pode configurar-se como um lugar de formação docente, especialmente por tratar-se de um grupo que transita e experimenta a dimensão simbólica da educação através de estudos e debates sobre a dimensão imaginária. É um conhecimento erótico, fusional, uma sociologia acariciante (MAFESSOLI, 1998), no sentido de perceber o que tem de fantástico e surpreendente, de banal e fútil nas pessoas, de capturar o que (des)motiva, (e)motiva, (des)mobiliza e o que (des)anima o grupo a estar-junto na produção coletiva.

É na convivência, no estar-junto, na relação com o outro, nas reuniões, nos encontros, nos agrupamentos, na efervescência festiva, ou seja, nos momentos passados com os outros, que se estabelecem os vínculos, um pertencer múltiplo. Trata-se de um processo de identificação viabilizado por uma outra lógica do estar-junto, onde atração, agregação, pertença, partilha, socialização, vínculo, aliança, ligação ao outro, corpo coletivo são palavras-chave.

Quando foram enviadas as fotos de diferentes épocas, aparece uma das características marcantes do grupo – o grupo além da tarefa –, em que as atividades vão além do simples fazer acadêmico e nascem fortes laços de amizade e muitas outras aprendizagens, como aparece nas escritas:

> Essa foto foi de um encontro almoço coletivo muito legal, me parece que foi a Andréia que organizou, só lembro que ela não deixou a Josi colocar batatas na sopa de Anholini. Um encontro de construção de saberes pessoais inesquecível. (Professor V.).

> Essa foi da defesa da Josi, espero que ela esteja bem, sinto saudades dos momentos que passamos juntos [...], lembro das brincadeiras informais, das escritas coletivas, dos chiliques quando ela ficava brava, e eu irritava pra vê-la mais brava ainda, do chimarrão que fazíamos. Dos resumos e artigos para os eventos, muitos momentos passamos juntos. (Professor V.).

No espaço acadêmico temos gestado concepções e também temos sido atravessados por demandas externas, muitas vezes, perversas. Quando utilizamos a expressão perversa para expressar um sentimento, referimo-nos ao que vem incluído nestas demandas: a instituição na cultura acadêmica da competitividade interna e de afastamento das pessoas, que passam, muitas vezes, a se perceberem heterônomas (CASTORIADIS, 1982), regidas por uma lógica que não lhes pertence e com a qual nem mesmo concordam.

A formação inicial e continuada de professores e as aprendizagens que podem ser acionadas neste tempo / espaço / lugar da universidade têm sido pensadas para além da sala de aula e da matriz curricular de uma instituição acadêmica. Tentando pensar qual seria um projeto formativo que desse conta da complexidade e dos desafios do nosso tempo, os debates institucionais também caminham para a proposição de "atividades formativas", pensadas para além das diferentes disciplinas que compõem um currículo de formação de professores. A construção de outros sentidos para um espaço / tempo de "experimentação de si" mobiliza-nos a pensar em uma outra proposição no âmbito da linguagem, pois, como nos mostra Castoriadis, "a permeabilidade indeterminada e indefinida entre os mundos de representações dos indivíduos e os significados linguísticos é condição de existência, de funcionamento e de alteração tanto para uns como para outros" (1982, p. 391).

Quando cada participante foi desafiado a escrever suas impressões, o significado do símbolo do grupo, o olho, para si, aparece outra característica marcante, a grande diversidade de ideias e de maneiras de sentir, como explicitam as escritas:

> Eu teria que ver com o olho do grupo. Talvez esse fosse um tempo em que eu queria/teria que me ver diferente para ver diferente. E, se todos lá viam imagens nas leituras, eu também veria; a direção do olhar do grupo me mostraria através de dicas como eu poderia descobri-las. (Participante T.).

> Eu vi através do olho do grupo. Senti que o grupo também olhava pelo meu caminho e eu poderia ver longe, ver futuro. Não desvendá-lo talvez, mas ver longe, permitir-me ver longe, como por uma luneta, ver objetivos, mesmo que o caminho se descobrisse ao percorrê-lo. (Participante T.).

> Ao olhar para o olho, ficou um pouco estranho, tenho a impressão de que é alguém que quer perceber algo, ou seja que "está de olho". Olho no quê? Olho no fazer professoral, olho na vida, olho no prazer, olho no mundo. Ou seja, alguém que busca conhecer algo através de um novo olhar, de um novo óculos, de um novo prisma, de uma nova perspectiva. (Participante V.).

As significações imaginárias que cada pessoa havia construído da experiência vivida num grupo de pesquisa foram reconstruídas, dando visibilidade não somente às representações, como também às mudanças e aos deslocamentos de sentidos em práticas e comportamentos individuais e sociais. As significações falam de cada pessoa, mas também do seu tempo (nas dimensões do instituído e instituinte).

Não é nosso desejo, nestes espaços de experimentações, buscar nos "recônditos" mais obscuros de memória "essencialismos", "marcas fixas", experiências modelares idealizadas, mas o movimento que reconstrói e desmitifica, que aciona a criatividade, o autoconhecimento e autodeterminação, ingredientes de imaginários radicais capazes de propor outras formas de vida, de relações consigo / com os outros / com o tempo presente.

O processo de experimentação das pessoas no grupo traz, além de um "agrupamento temático", a dimensão criadora, constitutiva e fundamental do imaginário, como potência, como reservatório e motor (DURAND, 1997), como fonte propositiva de outras formas de vida, de comportamento, de relacionamento consigo, com os outros e com o ambiente. Podemos pensar no espaço grupal como um lugar aprendente.

Shaller (2008, p. 69), no texto *Lugares aprendentes e inteligência coletiva*, pergunta: "Como um lugar pode ser um espaço onde a gente se constitui, um 'lugar aprendente?'". Responde que "um lugar, através da atualização das redes de atores que o atravessam ,é aprendente porque permite deixar marcas do conjunto das relações, das ligações, das associações entre os atores".

O grupo pensado como um lugar "não é mais dado a priori, como uma 'matéria-prima', ele é uma realização, uma produção, uma criação coletiva, um projeto comum fundador de laço social e 'recriador de um imaginário social'" (SCHALLER, 2008, p. 70).

Estas aprendizagens que se dão no grupo, através dos outros, mas que operam em nós, pessoas com histórias, trajetos de vida distintos e que se encontram num espaço / lugar, partilhando não somente questões acadêmicas, exigem de nós o desejo do diferente, não como uma atitude ingênua, que desconsidera as redes de poder que circulam, ao contrário, nos movimentam nesse processo de experimentação de si. Aqui se inscreve o acréscimo que fazemos com a questão do dispositivo na formação docente. O dispositivo passa a ser entendido como qualquer lugar no qual se constitui ou se transforma a experiência de si, um movimento onde o sujeito está implicado. Implica consigo, implicando-se a partir dos outros e implicando com os outros.

O diferencial que encontramos no acréscimo da questão do dispositivo está na inscrição da pessoa no lugar formativo como alguém que se coloca, se experimenta, não participa passivamente, ouvindo teorizações sobre experiências produzidas por outros, mas (re)visita seus repertórios formativos, problematizando-os também na escuta do outro.

Acrescentamos também a questão do diferencial apresentado no dispositivo, quando se inscreve no espaço / lugar do grupo a pesquisa-formação-autoformação, produzindo nas pessoas processos que movimentam com "potencialidades inesperadas" (JOSSO, 2008).

> A reflexão biográfica permite, portanto, explorar em cada um de nós as emergências que nos dão acesso ao processo de descoberta e de busca ativa da realização do ser humano em potencialidades inesperadas. Para isso, devemos ser capazes de imaginar e de acreditar na possibilidade de poder, de querer e ter, para desenvolver ou para adquirir, os saber-fazer, saber-pensar, saber-escutar, saber-nomear, saber-imaginar, saber-avaliar, saber-

> perseverar, saber-amar, saber-projetar, saber-desejar etc., que são necessários às mudanças, ao desconhecido que vem ao nosso encontro assim que abandonamos o programa familiar, social e cultural previsto para a nossa história. (p.18).

É o projeto / processo de formação, operando no seu mais amplo sentido, no qual o sujeito precisa colocar-se como mais ou menos ativo de sua vida, na sua vida, mesmo que saibamos que as mudanças estão longe de passar, unicamente, pelas escolhas voluntárias e /ou lógicas (JOSSO, 2008). Uma relação da palavra formação com o tempo. Um tempo que, para os estudos e pesquisas que nosso grupo tem realizado, encontra seu lugar, seu território, na memória. Formação que extrapola o tempo presente, já tendo sido experienciada no passado e através do trabalho da memória é reconstruída, inventada, ficcionada, esquecida.

O que está colocado nesse trabalho biográfico sobre as narrativas de vida, nesse conhecimento de si, não está limitado à compreensão de como nos formamos e nos transformamos nos nossos trajetos de vida, pois, conforme Josso:

> Através de um conjunto de vividos transformados em experiências, mas também tomar consciência de que esse reconhecimento de nós mesmos como sujeitos encarnados, mais ou menos ativos ou passivos segundo as circunstâncias, permite doravante visualizar nosso itinerário de vida, nossos investimentos e nossos objetivos, com base na auto-orientação possível, numa invenção de si, que articula mais conscientemente nossas heranças, nossas experiências formadoras, nossas pertenças, nossas valorizações, nossos desejos e nosso imaginário às oportunidades socioculturais que saberemos apreender, criar e explorar, para que advenha um si que aprende a identificar e a combinar obrigações e margens de liberdade. Transformar nossa vida socioculturalmente programada em uma obra inédita a ser construída. (2008, p.21).

Como se apresenta, na pesquisa em curso, a questão do grupo como lugar e dispositivo de formação?

O território simbólico é também o "lócus" da imaginação criadora (CASTORIADIS, 1982). É nele que exercitamos linguagens, ideias, concepções do ponto de vista do que temos instituído e, principalmente, onde ocorre a fabricação de concepções instituintes que sirvam como dispositivos para a experiência de si e, também, para a proposição que fazemos aos outros, entendidos como as pessoas e as instituições que nos têm convidado para a produção de vivências, na perspectiva da formação continuada.

A construção do imaginário grupal passa por estas experimentações em que as pessoas se implicam, tentando produzir nos outros algumas experiências. É um espaço /tempo de formação coletiva e autoformação singularizada em cada vida. A perspectiva que se coloca neste estar-junto grupal é de que a gente se conheça a partir "de como a gente se torna o que a gente é".

Considerando este fato, é importante ressaltar que o grupo que estudamos é composto por profissionais em diferentes níveis de graduação e de diversas áreas do conhecimento. Sendo assim, o grupo discute acerca de temas voltados à educação, mas com diferentes olhares. Podemos perceber, na fala da entrevistada R., a diversidade do grupo.

> Este grupo não é um grupo fechado, ele é multirreferencial, assim como o Imaginário, ele agrega pessoas de todas as áreas do conhecimento, ele reúne ideias, criatividade, dedicação, comprometimento, reúne gente como a gente, independente de ser doutor, mestre, acadêmico.

Esta diversidade foi mencionada na maioria das entrevistas que realizamos, como uma característica positiva do grupo, pois é possível, através desta diversidade, a troca de saberes, o intercâmbio de ideias, pensamentos, aprendizagens e vivências que este espaço coletivo pode proporcionar. Podemos isso perceber quando a entrevistada V. diz que:

> Do convívio com pessoas de diferentes áreas, eu acho que isso, assim, me enriquece, constrói a minha identidade como sou hoje, de ter estes múltiplos olhares, eu digo isso assim porque tem áreas do teatro, áreas da nutrição, de educação física, e quando a gente esta discutindo alguma questão assim, tu vê a ideia do outro, puxando pra área dele e tu pegar aquilo pra ti como, bah, derrepente te faz repensar varias coisas dentro da minha área.

Desta forma também podemos notar as significativas aprendizagens que ocorrem dentro do grupo e que contribuem na formação dos integrantes, tanto pessoal como profissional, pois é possível que, dentro deste espaço grupal, os sujeitos (res)signifiquem saberes e (re)construam ideias. A entrevistada A. traz isso em sua fala.

> Então isso é bem legal, eu acho que várias ações que foram acontecendo neste tempo me constituíram hoje a pessoa, a pesquisadora, a profissional que eu sou. E o grupo constitui uma grande importância em minha vida.

Também, foi possível perceber que, através de uma trama de significados e opiniões, se constitui um olhar grupal, uma visão homogênea. Os participantes do grupo destacaram, ainda, que, apesar desta homogeneidade, cada um se identifica no grupo, pois este não extingue o que cada um de seus participantes é, ou impõe ideias, mas aproveita o que cada um deles traz de conhecimentos e saberes para formar o saber grupal.

> Então posso dizer que hoje percebo a minha identidade e a minha trajetória se misturando com a identidade e a trajetória do grupo, sou e faço parte deste grupo, que a cada dia me permite aprender coisas novas e a me tornar uma professora com múltiplos olhares e é nesta vivência e (com)vivência com o diferente que construo minha identidade. (Entrevistada V.).

Deste convívio e interação entre os participantes do grupo, surgem questões que vão além da ordem teórica, sendo construídos laços afetivos entre os membros. Tal fato também surge como um importante resultado na investigação, pois participar de um grupo torna-se uma possibilidade de derrubar o individualismo instituído na academia. O entrevistado D. traz isso em uma de suas falas.

> Mas no grupo, que é um grupo de pesquisa, esse é um elemento muito legal de se notar. Porque significa que se levou a amizade para lá, pois ela não é algo que se cobra de um grupo, entendem? Podem olhar no lattes, no data-capes, não tem campo onde se possa pontuar uma coisa assim.

A partir destas características, pudemos perceber que a construção do imaginário grupal passa por muitas experimentações nas quais as pessoas se implicam, tentando produzir nos outros algumas experiências. É um espaço/tempo de formação coletiva e autoformação singularizada em cada vida. A perspectiva que se coloca neste estar-junto grupal é de que a gente se conheça a partir "de como a gente se torna o que a gente é".

Ainda, no que se refere aos resultados de nossa pesquisa, foi possível perceber que ocorreram mudanças no grupo durante seus tantos anos de existência, mas que, apesar desse tempo, o grupo possui características que perduraram desde o começo e que se caracterizam como marcas fortes, construídas pelos seus participantes, pela coordenação, a qual reflete no todo o modo como desempenha seu papel. E, dessa forma, o grupo se constitui, através de elementos, como traz a entrevistada R.:

> Marcas, símbolos, sinais que foram modificando ao longo das gerações do grupo e que eu venho participando. Sinto-me privilegiada em estar participando disso tudo. [...] E tu vais caracterizando, e vai (re)significando a história da gente e do grupo como pessoas que se unem, se afastam, mas cada um tem sua

> história e seu lugar no grupo, deixa marcas, deixa um pouco deles e levam um pouco de nós onde quer que estejam. Eu sinto isso!

Assim, foi possível visualizar características, próprias deste grupo de pesquisa, que passam a ser significativas para seus participantes, pois contribuem para a formação como um todo, não apenas como profissional da educação, mas como sujeito da sociedade que traz a sua história de vida consigo para sala de aula. Assim, este espaço vai além do acadêmico, pelas suas trocas de saberes e experiências, constituindo-se como um grupo teórico-afetivo.

Apesar desta relação de amizade entre os participantes, muitas vezes, surgem conflitos que atingem todo o grupo, podendo dar origem aos chamados sub-grupos. Porém, estes conflitos são vistos como formas de aprendizagem, necessárias para manter o equilíbrio grupal, de acordo com as entrevistadas R. e A., respectivamente.

> Um encontro de saberes, de sabores. Alguns sabores mais amargos quando discutimos, contrariamos as ideias, brigamos entre nós, quando os egos se encontram e resolvem disputar lugares, poderes, mas isso também é necessário, é salutar, nos faz crescer e admitirmos que não somos donos da verdade, que ali estamos falando de possibilidades. Outros sabores são mais doces, quando falamos dos nossos doces encantos, sonhos, quando conseguimos alcançar nossos objetivos coletivos, quando ganhamos mais uma bolsa de estudo, quando aplaudimos o potencial e as conquistas do outro, quando os projetos desenvolvidos embalam nossas motivações, nos desafia, nos faz crescer. Acredito que temos que saborear o doce e o amargo, para que nosso paladar seja rico em vitórias e realizações. Sabemos que isso depende de cada um de nós, é assim que o coletivo se diferencia, se consolida, se reequilibra.

> E eu acho que ali eu consegui me manifestar algumas vezes, e mesmo que a gente não se manifeste no grande grupo a gente tem parceiras que a gente pode falar, falar, falar, desabafar até que estas pessoas nos ajudam a ver as coisas de uma outra maneira, e ver que às vezes não vale a pena mesmo criar este conflito, se expor, criar, vale a pena ficar e fazer, tem coisas que estão além das nossas, mas eu acho que a gente aprende muito com os conflitos.

De acordo com Souto, a formação se desenvolve neste contexto social: "*La institución y sus condiciones, el ambiente de la formación y por supuesto el grupo y las relaciones que en él se establecen no son externas sino que pertenecen al adentro de la formación*" (1999, p. 42). Assim, no momento em que possibilita estas relações, o grupo se constitui como um dispositivo de formação de professores.

Algumas palavras para encerrar essa escrita

Realizar esta pesquisa nos proporcionou, além de conhecer a história do grupo, perceber como este implica nas trajetórias de formação dos participantes e visualizar as relações interpessoais que se estabelecem interligadas às aprendizagens compartilhadas.

Resgatando a história do grupo através da memória de quem por ele passou, reconstruímos imagens e experiências do passado. Nesta reconstrução, podemos perceber que os sujeitos participantes constroem o grupo – identificações e organização grupal – e nele se constroem – formação e autoformação, memória e autoconhecimento como um bom encontro nas artes de viver, conhecer e formar.

Através dos relatos, percebemos que as aprendizagens transcendem o que se chamaria de formação profissional, alcançando o conceito de formação no sentido de desenvolvimento da pessoa adulta. Também é possível ler nestas representações alguns aspectos do imaginário construído por estes participantes: grupo-diversidade, grupo-afetivo, grupo-teórico, mostrando nestas representações aspectos instituintes sobre um grupo e como este pode configurar-se dentro de um cotidiano no espaço acadêmico.

O grupo estudado caracteriza-se como grupo operativo, segundo a definição de Enrique J. Pichon-Rivière, por ser "um conjunto de pessoas com um objetivo comum", que procuram abordar, trabalhando em equipe (BLEGER 1998, p. 59). No caso do grupo pesquisado, ele é operativo e centrado na aprendizagem. Múltiplas aprendizagens que podem ser produzidas na experiência coletiva, possível também de ser estendida a outros espaços onde atualizamos imagens, performances, comportamentos, valores.

Este grupo, como um grupo voltado à formação de professores, implica nos processos formativos dos seus participantes, sendo estes iniciados nos primeiros anos de escolarização e perpetuando-se ao longo da vida do sujeito. Portanto, percebemos que a participação em um grupo proporciona aprendizagens que contribuem significativamente para a formação.

Ao realizar esta pesquisa percebemos a importância do grupo como um dispositivo na formação de professores. Dispositivo entendido por nós como espaço que possibilita a experiência, mobilizadora de saberes, representações instituídas e outras formas criativas de pensar as relações e a formação. O espaço grupal favorece a construção de um imaginário instituinte, quando os valores são (re)significados e múltiplas aprendizagens são possibilitadas. O espaço grupal pode favorecer, ainda, nas artes de viver, conhecer e formar a criação de outras imagens, produzindo outras formas de vida cotidiana.

Isto

Dizem que finjo ou minto
Tudo que escrevo. Não.
Eu simplesmente sinto
Com a imaginação
Não uso o coração.

Tudo o sonho ou passo,
O que me falha ou finda,
É como que um terraço
Sobre outra coisa ainda.
Essa coisa é que é linda.
Por isso escrevo em meio
Do que não está ao pé,
Livre do meu enleio,
Sério do que não é.
Sentir? Sinta quem lê!
(Fernando Pessoa, *Poesias*. Porto Alegre, LP&M, 1996.)

Referências Bibliográficas

ANZIEU, D. *El grupo y el inconsciente*. Madrid: Biblioteca Nueva, 1978.

BARREIRO, Cristhianny Bento. *Pesquisa-Formação*: a construção de si na escuta do outro. Programa de Pós-Graduação em Educação da Pontifícia Universidade Católica do Rio Grande do Sul (PUCRS), 2009.

BOSI, Ecléia. *Memória e sociedade*: lembranças de velhos. 3. ed. São Paulo: Companhia das Letras, 1994.

BLEGER, José. *Temas de psicologia*: entrevista e grupos. 2. ed. São Paulo: Martins Fontes, 1998.

CASTILHO, Áurea. *A dinâmica do trabalho de grupo*. Rio de Janeiro: Qualitymark, 2004.

CASTORIADIS, Cornelius. *A instituição imaginária da sociedade*. Rio de Janeiro: Paz e Terra, 1982.

CUNHA, Maria Isabel da. *Conta-me agora!* As narrativas como alternativas pedagógicas na pesquisa e no ensino. *Revista Educação USP*. São Paulo, V. 23, n.1-2, jan./dez. 1997.

_____. Os conceitos de espaço, lugar e território nos processos analíticos da formação dos docentes universitários. *EDUCAÇÃO UNISINOS*. Universidade do Vale do Rio dos Sinos, n. 3, v. 12, p.182-186, set./dez. 2008.

______. Maria Isabel; ISAIA, Silvia Maria de Aguiar. Professor da educação superior. In: MOROSINI, M.C. (Ed. Chefe). *Enciclopédia de Pedagogia Universitária*. v. 2: Glossário. Brasília: INEP/MEC, 2006.

DURAND, Gilbert. *As estruturas antropológicas do imaginário*. São Paulo: Martins Fontes, 1997.

FERREIRA, Aurélio Buarque de Holanda. *Dicionário Aurélio*. Rio de Janeiro: Nova Fronteira, 1989.

FERREIRA, Nilda Tevês; EIZIRIK, Marisa Faermann. Educação e Imaginário Social: revendo a escola. *Em Aberto*. Brasília, n. 61, p. 5-14, jan./mar. 1994.

FERRY, Gilles. *Le trajet de la formation: les enseignants entre la théorie et la pratique*. Paris: L'Harmattan, 2003.

______. Pedagogía de la formación. Buenos Aires: Centro de Publicaciones Educativas Y Material Didactico, 2004.

GAYOTTO, Maria Leonor Cunha (Org.). *Trabalho em grupo: ferramenta para mudança*. Petrópolis, RJ: Vozes, 2001.

HALBWACHS, Maurice. *A memória coletiva*. São Paulo: Centauro, 2006.

ISAIA, Sílvia Maria de Aguiar. Aprendizagem docente: sua compreensão a partir das narrativas de professores. *Anais* do XIV Encontro Nacional de Didática e Prática de Ensino, Porto Alegre, PUCRS, 2008.

JOSSO, Marie-Christine. *Experiências de vida e formação*. São Paulo: Cortez, 2004.

MAFFESOLI, Michel. *No fundo das aparências*. Petrópolis, RJ: Vozes, 1998.

MARQUES, Mario Osorio. *Escrever é preciso:* o princípio da pesquisa. Petrópolis, RJ: Vozes, 2008.

MESQUITA, Zilá. Cotidiano ou quotidiano? In: MESQUITA, Zilá e BRANDÃO, Carlos Rodrigues (Orgs.). *Territórios do cotidiano*: uma introdução a novos olhares e experiências. Porto Alegre / Santa Cruz do Sul: UFRGS/ UNISC, 1995.

MINAYO, M.C.S. et al. *Pesquisa Social*: teoria, método e criatividade. Rio de Janeiro, Vozes, 2007.

OSORIO, Luiz Carlos. *Psicologia grupal:* uma nova disciplina para o advento de uma era. Porto Alegre: Artmed, 2003.

OLIVEIRA, Valeska Fortes de Oliveira. Culturas e narrativas: atravessando paisagens e trajetos formativos. In: PERES, Eliane et al. *Processos de ensinar e aprender*: sujeitos, currículos e cultura: livro 3. Porto Alegre: EDIPUCRS, 2008. p. 679-697.

PESSOA, Fernando. *Poesias*. Porto Alegre: LP&M, 1996.

PICHON, RIVIÈRE, Enrique. *O processo grupal*. 7. ed. São Paulo: Martins Fontes, 2005.

SCHALLER, Jean-Jacques. Lugares aprendentes e inteligência coletiva: rumo à constituição de um mundo comum. In: PASSEGGI, Maria da Conceição; SOUZA, Elizeu Clementino (Orgs.). *(Auto)Biografia:* formação, territórios e saberes. Natal, R.N.: EDUFRN; São Paulo: PAULUS, 2008.

SOUTO, M., BARBIER, J.M. y otros. *Grupos y dispositivos de formación*. Buenos Aires. UBA-Novedades Educativas, 1999. (Col. Formación de Formadores, n. 10).

______. *El carácter de "artifício" del dispositivo pedagógico em la formación para el trabajo*. Buenos Aires: Facultad de Filosofia y Letras, 2007.

TEVES, Nilda. O imaginário na configuração da realidade social. In: TEVES, Nilda (Org.). *Imaginário social e educação*. Rio de Janeiro: Gryphus/Faculdade de Educação da UFRJ, 1992.

VALVERDE, Monclar. Recepção e sensibilidade. In: VALVERDE, Monclar (Org.). *As formas do sentido*. Rio de Janeiro: DP&A, 2003.

Fontes (auto)biográficas na pesquisa em educação: "um relógio solar histórico-sociológico".

Dislane Zerbinatti Moraes

> *[....] o ponto em direção ao qual eu gostaria de orientar a atenção dos senhores é como, nelas [os formações poéticas], vêm à luz [....] diferentes graus de uma relação fundamental contraditória de uma sociedade no elemento (Médium) do sujeito poético. Posso repetir que não se trata da pessoa privada do poeta nem de sua psicologia nem de seu assim chamado ponto de vista socialmente situado, mas do poema mesmo tomado como relógio solar histórico-filosófico.*
> *(Adorno, Lírica e Sociedade, 1980, p. 201).*

A epígrafe escolhida para inaugurar esse texto foi retirada de um ensaio que me parece extremamente iluminador quanto às questões teóricas que envolvem as relações entre ficção e história, bem como as interações entre sujeito/realidade. Por meio dela fui organizando o meu texto, sugerindo uma alteração na metáfora proposta, isto é, ousando substituir o qualificativo filosófico pelo sociológico, conforme expresso no título desse texto. Adorno, constituindo uma perspectiva que opera a noção de formação poética, espera apreender a natureza própria do sujeito lírico, afastando-se das armadilhas explicativas da imagem da poesia pura. Segundo essa imagem, que nada mais é do que uma convenção literária e linguística, na poesia pura a subjetividade imanente do poeta transcenderia a realidade de modo espontâneo, comunicando o estado da alma de um sujeito capaz de compreender o universal, por suas qualidades especiais como poeta.

A própria filosofia, com a colaboração das ciências sociais, tratou de desarmar essa imagem, mostrando que "o indivíduo é socialmente mediado em si mesmo", que os conteúdos ou matérias com que organiza o seu pensamento são sociais e que, especialmente, sujeito e objeto, indivíduo e sociedade "não são polos hirtos e isolados, mas só podem ser determinados a partir de um processo em que se trabalham e se modificam mutuamente" (ADORNO, 1980, p. 199). A lírica, por afirmar, como modo de escrita, o polo subjetivo, é um espaço aberto a possibilidades de compreensão do real, favorecendo a reversão de expectativas que se têm sobre ela, como no caso de Baudelaire que não se contentou em expressar os sofrimentos dos indivíduos, mas escolheu uma posição de crítica à sociedade moderna como um todo. Assim como o "relógio solar", em que o ponteiro das horas se move correlacionadamente ao movimento do sol, criando escalas, ritmos e níveis, por meio do feixe de luz e da sombra projetada no espaço que encena a duração temporal, o sujeito lírico se deixa interpenetrar pelo social, em movimentos e graus variados, segundo a "batida de horas da história" (ADORNO, 1980, p. 201).

Introdução

O presente trabalho tem o objetivo de discutir as abordagens e leituras que estão sendo feitas dos textos autobiográficos nos domínios da pesquisa em história da educação e formação de professores. O motivo que nos levou a enfrentar esse desafio de abordar a complexidade das práticas de escrita autobiográfica é a esperança de clarificar, dentro de nossas possibilidades e leituras até o presente momento, os conceitos, ideias, noções-chave e explicações históricas consensuais sobre o fenômeno, pensando naqueles que se estão iniciando nos estudos com fontes (auto)biográficas.

O ato da escrita autobiográfica é uma prática cultural, portanto, em larga medida simbólica, na qual interagem motivações individuais e sociais como as advindas das experiências familiares, em grupos de sociabilidade, nas relações com a escola, com a cultura e as artes em sentido estrito. Assim, muito do que tratamos neste trabalho diz respeito à especificidade destes materiais, às condições de sua produção e aos sentidos que autores e leitores, especialmente professores e alunos, atribuem à sua escrita.

Sobre os textos autobiográficos são muitas as abordagens que se originam de objetos e questões particulares de áreas de conhecimento diversas das ciências humanas, desde a filosofia, sociologia, antropologia, psicologia, ciências da educação, história, até os estudos linguísticos e de crítica literária. Não pretendemos aqui realizar um estudo do tipo "estado da arte" sobre a questão, mas identificar alguns modos de apropriação, os mais visíveis, dessas reflexões nas pesquisas da área de formação de professores e história da educação, buscando, com isso, aumentar a nossa compreensão sobre os caminhos investigativos.[27]

Iniciemos, então, por uma aproximação a essas fontes, os escritos autobiográficos. Qual a natureza desses escritos? Qual a natureza dos significados e das intenções que os escritores atribuem aos seus textos? Como eles podem ser lidos, pensando que carregam em si protocolos de leitura? Quais as potencialidades e limites do uso desses materiais na pesquisa educacional? Quais as diferenças de perspectivas quando esses escritos são concebidos como dados, fontes e objetos de pesquisa educacional? Essas questões estão sempre sendo vistas, revistas, postas, recompostas pelos pesquisadores das áreas de ciências da educação, como um modo de tornar mais particularizada a abordagem teórica, e mais frutíferos os efeitos nos processos de formação de professores, levando-se em conta, nestas duas perspectivas, as identidades sociais, profissionais, além das de gênero, raça, etnia e geração.[28]

27. Uma forma de conhecer os trabalhos desenvolvidos nessa área no plano internacional pode ser encontrada no Dossiê *De la autobiografia a los ego-documentos: um fórum abierto*, publicado na revista *Cultura Escrita & Sociedad*. Universidad de Alcalá; Seminário Interdisciplinar de Estúdios sobre cultura escrita (SIECE). No caso brasileiro remeto aos livros organizados nos encontros do CIPA (Congresso Internacional de Pesquisa (Auto)biográfica).

28. Procurando dar conta dessas perspectivas de investigação sobre a profissão docente cruzadas à formação de professores, questões de gênero, produção de memórias e representações sobre o magistério em escritos autobiográficos, assinalamos os trabalhos

A subjetividade das fontes autobiográficas e o método biográfico nas ciências sociais

> Tomo uma resolução de que jamais houve exemplo e que não terá imitador. Quero *mostrar aos meus semelhantes um homem em toda a verdade de sua natureza,* e *esse homem serei eu.* Somente eu conheço meu coração e conheço os homens. Não sou da mesma massa daqueles com quem lidei, ouso crer que não sou feito como os outros. Mesmo que não tenha maior mérito, *pelo menos sou diferente.* Se a natureza fez bem ou mal quando quebrou a forma em que me moldou, *é o que poderão julgar somente depois de me tiverem lido* [...] não calei nada que fosse ruim, nada acrescentei de bom, e se, por acaso, *empreguei algum floreado sem interesse*, não foi senão para preencher alguma lacuna devida à minha falta de *memória* [...]. (ROUSSEAU, 1948, p. 7, grifos nossos).

Esse é o conhecido preâmbulo da autobiografia de Jean-Jacques Rousseau, considerada pelos estudiosos a narrativa exemplar do gênero, e a partir da qual é possível apreender as principais camadas de significados presentes nesse tipo de texto: a subjetividade, a singularidade, a aspiração de veracidade, impulsionando a decisão da escrita e a perspectiva do presente, que faz do texto uma rememoração do passado, com todos os condicionantes de seleção e esquecimentos que os processos memorialísticos impõem. Wilson Louzada, um dos tradutores da obra, afirma que as *Confissões* sintetizam o "Rousseau escritor, romancista, filósofo e educador, e também nos dão a chave de sua personalidade humana", sublinhando

---

de Denice Barbara Catani (1993, 1996, 1998, 2003, 2004, 2005); Cynthia Pereira de Sousa (1993, 1996, 1998, 2006, 2008), Paula Perin Vicentini (2003, 2004 (a), 2004 (b)), Belmira Oliveira Bueno (1993, 1996, 1998), Ana Chrystina Venâncio Mignot (2000, 2003), Maria Helena Câmara Bastos (2000) e Maria Tereza Santos Cunha (2000, 2003), entre outros.

assim o elemento subjetivo da escrita autobiográfica, que compreende um desejo do autor de expor os seus pensamentos íntimos sobre as relações imaginadas, como um enredo de romance, entre a experiência vivida e as ações realizadas. Sintomaticamente, Louzada termina a frase ressaltando o caráter ficcional dos textos. Se a personalidade de filósofo está em toda a sua obra, com seu "temperamento apaixonado, confessando-se no romance, na pedagogia, na sociologia, na política e na autobiografia", Rousseau também teria escrito "o romance da sociologia no *Contrato Social*, o romance da Educação, no *Emílio*, o romance do sentimento, na *Nova Heloisa*, o romance da humanidade no *Discurso sobre a Desigualdade* e o romance da sua própria vida, nas *Confissões*" (ROUSSEAU, 1948, p. 1).

Como podemos compreender este aparente paradoxo entre ficção e realidade, presente nas narrativas autobiográficas? Philippe Lejeune procurou enfrentar essa questão e vem compondo um inventário de autobiografias desde os anos 1970, iniciando pela análise das obras consagradas da literatura e chegando às narrativas de histórias de vida escritas por pessoas comuns. Dessa forma, partindo de um recorte bem preciso de práticas variadas de escrita, elaborou uma definição, naquela época, que vem sendo utilizada e problematizada pelos especialistas até os dias de hoje. Para o estudioso, a autobiografia deve preencher as seguintes condições: ser uma "narrativa retrospectiva em prosa que uma pessoa real faz de sua própria existência, quando focaliza sua história individual, em particular a história da sua personalidade" (LEJEUNE, 2008, p. 14). Outros gêneros, vizinhos da autobiografia, não preenchem todas essas condições: as memórias, a biografia, o romance pessoal (autoficção ou romance autobiográfico), o diário, o autorretrato e o ensaio. Pensamos que a definição de Lejeune, com as devidas ressalvas que ele mesmo faz em relação à proximidade entre os textos, como sendo todos escritos que reelaboram as lembranças e experiências de um ponto de vista do "eu", ou seja, como escritos íntimos ou autorreferenciados, mostra-nos a importância de se levar em conta as intenções dos autores. Uma autobiografia se define pela posição que o narrador assume, se dá a ver, ou seja, pela explicitação da intenção de falar do real, valorizando a singularidade dos sentimentos íntimos que estão em jogo no texto e no seu pensamento. Uma informação importante para se entender a originalidade da perspectiva de Philippe Lejeune é que ele se posiciona não como crítico literário, mas como leitor de autobiografias e assim, de acordo com sua experiência como apreciador do gênero, considera que a motivação de leitura seria o interesse em conhecer uma outra vida de um ser real que se mostra pela escrita.

A sua reflexão se desdobra, então, em uma análise dos pontos de vista, ou lugares, nos quais se situam os narradores. Para tentar precisar os princípios da escrita, conclui que uma condição essencial é a identidade entre o autor, o narrador e o personagem. Essa identidade pode estar explicitada pela presença do nome próprio, que define a autobiografia em sentido estrito, ou presumida, sendo detectada no ato de leitura pelos indícios espalhados pelo texto, do ponto de vista da forma e do conteúdo. Os autores podem ficcionalizar a sua vida num texto declaradamente autobiográfico ou aproveitar traços de sua personalidade, convicções ideológicas e vivência no processo de construção de personagens e enredos em obras de ficção ou ensaios e textos dissertativos, como sublinha, no caso de Rousseau, o seu tradutor.

A autobiografia se fundamenta, nesse sentido, pelo contrato de leitura, ou *pacto autobiográfico*, proposto pelo autor, que expressa seu desejo de contar a verdade de sua própria vida. Esta relação do autor com a realidade pode mostrar-se mais ou menos efetiva, do ponto de vista de tentar descrever os acontecimentos com fidelidade, mesmo considerando que é a descrição de sua experiência e, nesta medida, é uma visão em relação à totalidade do social; mas nunca deixa de ser real, como um modo possível, engendrado de fato como obra de pensamento, de se experimentar a vida. Ao leitor, seguindo a chave proposta por Rousseau, resta o julgamento ou a obrigação de perspectivar a leitura, comparando-a com a sua própria vida. Ainda citando o preâmbulo às *Confissões*:

> Mostrei-me tal como fui; desprezível e vil quando assim aconteceu; bom, generoso e sublime quando assim me senti: mostrei-me intimamente tal como tu me viste, ó Eterno! Reúne ao redor de ti a inumerável multidão de meus semelhantes, que *eles escutem as minhas confissões, que deplorem minhas indignidades, que enrubeçam diante de minhas fraquezas. Que cada um deles*, por sua vez, *com a mesma sinceridade, ponha a nu o coração* diante de teu trono e depois que um só te diga, se o ousar: Fui melhor do que esse homem. (ROUSSEAU, 1948, p. 7, grifos nossos).

Em outros termos, um texto se completa na leitura, assumindo significados de acordo com modos de apropriação daquilo que foi proposto, os quais podem desviar-se absolutamente das intenções do autor. No caso dos textos autobiográficos, segundo Philippe Lejeune, apesar da ressalva quanto à liberdade de interpretação do leitor, o funcionamento dos textos depende de suas características específicas como gênero literário, as quais criam um "campo magnético":

> Ora, no pacto autobiográfico, como, aliás, em qualquer "contrato de leitura", há uma simples proposta que só envolve o autor: o leitor fica livre para ler ou não e, sobretudo, para ler como quiser. *Mas se decidir ler, deverá levar em conta essa proposta, mesmo que seja para negligenciá-la ou contestá-la, pois entrou em um campo magnético cujas linhas de força vão orientar sua reação.* Quando você lê uma autobiografia, não se deixa simplesmente levar pelo texto como no caso do contrato de ficção ou de uma leitura simplesmente documentária, você se envolve no processo: alguém pede para ser amado, para ser julgado e é você quem deverá fazê-lo. (LEJEUNE, 2008, p. 75, grifos nossos).

Este "campo magnético" é entendido como um "espaço autobiográfico", no qual autor e leitor interagem, unindo-se em práticas de narração de si e do outro e criando as "crenças necessárias ao funcionamento do sistema" (LEJEUNE, 2008, p. 65).

Nos estudos sobre formação de professores, essa peculiaridade do funcionamento do texto autobiográfico como ativador da autorreflexividade, tanto na escrita como na leitura, mobilizou os pesquisadores, que, desde os anos de 1980, vêm produzindo uma rica e variada gama de conhecimentos sobre processos formativos por meio da aplicação do método (auto)biográfico. Isto é, queremos demonstrar que uma das faces que potencializam os escritos autorreferenciados como instrumentos capazes de formar pessoas está ligada à própria especificidade linguística, semântica e de práticas de leitura dos textos.

No entanto, são vários e muitos outros os influxos e movimentos nas ciências sociais que levaram à inserção das fontes subjetivas em suas pesquisas e que têm relação com a crítica ao objetivismo e positivismo das ciências sociais. Cada vez mais as ciências sociais, a partir do início do século XX, vão interessando-se pelas relações sociais concretas, transferindo seus investimentos de pesquisa, até aquele momento voltados às explicações teóricas e generalizantes sobre o social, para a busca da historicidade e heterogeneidade dos fragmentos da experiência humana. São de Ferrarotti as palavras:

> As pessoas querem compreender a sua vida quotidiana, as suas dificuldades e contradições, e as tensões e problemas que esta lhes impõe. Deste modo, exigem uma *ciência das mediações* que traduza as estruturas sociais em comportamentos individuais ou microssociais. Como é que as estruturas sociais e as dinâmicas sociais forjam um sonho, um acto falhado, uma psicose, um comportamento individual, a relação concreta entre dois indivíduos? [...] Ora a biografia que se torna instrumento sociológico parece poder vir a assegurar esta mediação do acto à estrutura, de uma história individual à história social. (1988, p. 20-21).

Aproximando-se das "ciências da mediação", as ciências sociais e as ciências da educação, em particular, atribuem novo estatuto às fontes subjetivas (relatos orais, memórias, cartas, diários, biografias e autobiografias, enfim, vozes e escrituras do "eu"), deixando de considerá-las como resíduos incompreensíveis e efêmeros da vida quotidiana ou como reflexo de uma estrutura absoluta e imutável. Ao contrário, aposta-se na ideia do caráter individual, social e produtivo das relações sociais. A argumentação de Ferrarotti quanto ao valor heurístico do método biográfico, ou seja, sobre a validade da incorporação de fontes subjetivas na pesquisa sociológica, segue afirmando que se pode "ler uma sociedade através de uma biografia" (FERRAROTTI, 1988, p. 27). Assim:

> Todas as narrações autobiográficas relatam, segundo um corte horizontal ou vertical, uma *práxis* humana. Ora se "a essência do homem [...] é, na sua realidade, o conjunto das relações sociais" (Marx, VI a. Tese de Feuerbach), toda a *práxis* humana individual é actividade sintética, totalização activa de todo um contexto social. Uma vida é uma práxis que se apropria das relações sociais (as estruturas sociais), interiorizando-as e voltando a traduzi-las em estruturas psicológicas, por meio da actividade desestruturante-reestruturante. [...] Quantas biografias são precisas para a verdade sociológica? Que material biográfico será mais representativo e nos proporcionará mais verdades gerais? Muitas perguntas que não têm talvez nenhum sentido. Pois [...] o nosso sistema social encontra-se integralmente em cada um de nossos actos, em cada um de nossos sonhos, delírios, obras, comportamentos. E a história deste sistema está contida por inteiro na história da nossa vida individual. (FERRAROTTI, 1988, p. 26).

Aqui é importante frisar que cabe ao pesquisador interpretar o material coletado, não perdendo de vista os efeitos da interação entre entrevistado e entrevistador, no caso da pesquisa com fontes orais, e as intenções e enraizamento social dos indivíduos que elaborarem suas histórias de vida. Não se trata somente de valorizar o individual por compreender nele o social, mas demonstrar as dimensões sociais das perspectivas individuais, nas quais as condicionantes sociais do grupo social próximo (restrito ou primário) formam espaços sociais concretos e ativos de mediação entre o social e o individual (FERRAROTTI, 1988, p. 31). Ao finalizar o texto, Ferrarotti acena para a necessidade de pensar em substituir a biografia individual pela biografia do grupo primário (família, escola, etc.). Nas palavras do autor: "É sobretudo necessário identificarmos os espaços mais importantes, os espaços que servem de charneira entre as estruturas e os indivíduos, os campos sociais onde se enfrentam diretamente a práxis singularizante do homem e o esforço universalizante de um sistema social" (FERRAROTTI, 1988, p. 32).

A propósito do caráter lógico (cronológico e teleológico) da narrativa autobiográfica, Bourdieu sublinha a ilusão contida na ideia de senso comum quanto à coerência das trajetórias de vida e de conexões objetivas entre eventos, efetuadas nas narrativas de história de vida. E diz mais sobre algo que nos interessa aqui diretamente, porque se refere à funcionalidade e às apropriações da escrita literária nos modos de se compreender o mundo social:

> Produzir uma história de vida, tratar a vida como história, isto é, como a narrativa coerente de uma sequência significativa e coordenada de eventos, talvez seja ceder a uma ilusão retórica, a uma representação comum da existência que toda uma tradição literária não deixou e não deixa de reforçar. Eis por que parece lógico pedir auxílio àqueles que tiveram de romper com essa tradição no próprio terreno de sua realização exemplar. Como sugere Alain Robbe-Grillet, 'o advento do romance moderno está diretamente vinculado a esta descoberta: o real é descontínuo, formado por elementos justapostos sem razão, cada um é único, e tanto mais difíceis de entender porque sur-

gem sempre de modo imprevisto, fora de propósito, de modo aleatório'. (BOURDIEU, 2005, p. 76).

Estas observações tocam na discussão sobre o caráter histórico da noção de indivíduo, que, em determinada época, entre os séculos XVII e XVIII, passa a ser entendido como uma unidade básica da sociedade, irredutível às experiências pessoais singulares. As escritas do "eu" e os romances seriam práticas discursivas que dão vazão ao sentimento de isolamento; de alguma forma, exprimiriam o fracasso da ilusão do indivíduo único e possibilitariam a reconstrução de si como sujeito integral, por meio da escrita, em um mundo fragmentado constituído de grupos sociais com interesses distintos. Uma outra questão muito importante diz respeito à perda do valor da memória e da história, como orientação para a vida prática no presente, engendrando, em consequência, o universo mental do indivíduo moderno (ALBERTI, 1991). Esta é uma outra questão para a qual devemos nos voltar, porque muitos estudos sobre autobiografias as veem dentro desta chave explicativa de totalização do indivíduo, em uma realidade fragmentada, como se isso fosse um pressuposto sem historicidade. Entretanto, as análises de "escritas do eu", se realizadas a partir de contextualizações específicas, podem indicar usos e significados diversos em relação a este modo de leitura; principalmente em espaços culturais distantes da mentalidade européia (JANCKE, ULBRICH, 2005).

Bourdieu lembra que o nome próprio, a identidade e a personalidade não são mais do que abstrações, uma representação oficial, pública, na qual os indivíduos estão buscando reconhecimento social. Dialogando com os cientistas sociais, pretende chamar a atenção para os processos sociais subsumidos nas falas de entrevistados, quanto às falsificações, às censuras e à produção de uma imagem de si. Além disso, propõe um modo mais eficiente de se entenderem concretamente as disposições sociais que condicionam as representações construídas pelos narradores de histórias de si:

> Tentar compreender uma vida como uma série única e, por si só, suficiente de acontecimentos sucessivos, sem outra ligação que a vinculação a um "sujeito" cuja única constância é o nome próprio, é quase tão absurdo quanto tentar explicar um trajeto no metrô sem levar em conta a estrutura da rede, isto é, a matriz das relações objetivas entre as diversas estações. Os acontecimentos biográficos definem-se antes como alocações e como deslocamento no espaço social, isto é, mais precisamente, nos diferentes estados sucessivos da estrutura da distribuição dos diferentes tipos de capital que estão em jogo no campo considerado. (BOURDIEU, 2005, p. 81-82).

Questões de metodologia de análise nos estudos sobre formação de professores e história da educação

Não seria possível aqui abarcar, sequer minimamente e com o rigor necessário, as múltiplas abordagens desenvolvidas desde a consolidação das fontes autobiográficas nas ciências da educação.[29] Todavia, procurando clarificar as linhas de força que se constituíram inicialmente, ao redor do uso de autobiografias, histórias de vida e memórias nos cursos de formação inicial e continuada de professores, deixamos aqui indicadas as cinco tendências identificadas em 1988, no livro organizado por António Nóvoa e Mathias Finger, *O método (auto)biográfico e a formação*. Neste livro escrevem os principais artífices do projeto, no plano internacional, com influências significativas em Portugal e no Brasil.

29. Uma revisão dos trabalhos na área de Educação que fizeram uso das histórias de vida e estudos autobiográficos como metodologia de investigação foi elaborada pelas profas. Belmira Oliveira Bueno, Helena Coharik Chamlian, Cynthia Pereira de Sousa e Denice Barbara Catani (2006).

Uma das tendências de pesquisa tratou de dar atenção particular aos processos de formação, do ponto de vista do sujeito que se forma, apreende e se transforma, pela experiência de vida balizada pela autorreflexão crítica dos próprios processos de aprendizagem. Outra tendência buscou sintetizar os conhecimentos adquiridos nos projetos de formação com o método biográfico e, com isso, criar os parâmetros de uma sociologia da formação, ou, em outras palavras, identificar as relações sociais mais significativas no processo de formação, definindo contextos de formação (contexto familiar, aquisições escolares e formação contínua), a partir da análise da aplicação do método em educação de adultos. A terceira tendência visou conhecer melhor os momentos e fatores constituintes do processo de autoformação, associando o método à potencialidade formadora da escrita biográfica, à investigação-ação e ao "caráter permanente, dialético e multiforme" dos processos formativos. Afirma-se que "o esforço pessoal de explicitação de uma dada trajetória de vida obriga a uma grande implicação e contribui para uma tomada de consciência individual e coletiva" (NÓVOA; FINGER, 1988, p. 14).

A quarta tendência centra seus esforços de pesquisa na ideia da impossibilidade de dissociar investigação e formação e efetua um recorte privilegiando o contexto sociopolítico e cultural mais amplo. Naquele momento, sua principal contribuição consistiu em dar ênfase aos aspectos políticos associados aos processos de formação. A última tendência abarcava as reflexões advindas das experiências no âmbito de formação de formadores. Os organizadores do livro afirmam que a aplicação do método (auto)biográfico se havia desenvolvido do modo intenso nas práticas de formação de formadores e o "motivo seria óbvio", qual seja: "dificilmente poderemos pretender interferir na formação dos outros, sem antes termos procurado compreender nosso próprio processo de formação" (NÓVOA; FINGER, 1988, p. 14).

Pensando no grande número de relatos que vêm sendo coletados sobre percepções subjetivas acerca da escola e da formação, a problemática da interpretação dos dados se impõe. Estes relatos se transformam em textos, são estruturados como narrativas. Estão envolvidos por esquemas de representações, pela simbolização da realidade e intenção comunicativa, formando uma "rede de significados" (SILVEIRA, 2007). O exercício de análise das fontes requer a adoção de metodologias apuradas, da capacidade de o pesquisador entender os sentidos do modo como a experiência é narrada:

> El ser humano es um ser que se interpreta y, para essa autointerpretación, utiliza formas narrativas [....] el sentido de quién somos es análogo a la construcción e la interpretación de um texto narrativo y, como tal, obtiene su signficado tanto de las relaciones de intertextualidade que mantiene com otros textos como de su funcionamento pragmático em um contexto. (LARROSA, 2004, p. 12-13).

No âmbito da história da educação, Antonio Viñao enfrentou o desafio ao buscar compreender a contribuição dessas obras como fonte histórico-educativa. Para tanto aproximou os gêneros da autobiografia, memórias e diários, enfatizando a dimensão construtiva, voltada para o presente, do trabalho de rememoração:

> Todos, sin excepción, recreamos el pasado y mesclamos recuerdos y olvidos. La memória no es um espejo, sino um filtro, y lo que sale, a través del filtro, no es nunca la realidad misma, sino uma realidad siempre recreada, reinterpretada y a veces, incluso, consciente o inconscientemente imaginada [...]. (VINÃO, 2000, p. 83).

A escrita compreende algo de autobiográfico associado ao trabalho de rememoração, algo de representação da realidade e algo de imaginação criativa que se vale das convenções artísticas e, por esse motivo, o autobiográfico aflora em maior ou menor grau, com maior ou menor visibilidade em cada texto. Assim, o problema para o historiador estaria em distinguir os graus e os tipos de ficcionalidade e referências ao real propostos no texto: "*El juicio sobre su índole veraz ou ficticia, sobre el tipo de amalgama llevada a cabo, ha de hacerse para cada caso*" (VIÑAO, 2000, p. 83).

Acrescentaríamos que a identificação dos elementos de descrição do real no texto autobiográfico corresponde a pontos de vista interessados, pois os autores tecem reflexões sobre suas experiências escolares, e o conteúdo do que se fala é carregado de opiniões, sentimentos e diálogos efetuados entre a sua percepção dos fatos tratados e as imagens e representações socialmente construídas. Retira-se dessa constatação a conclusão de que a menção às convicções e aos pensamentos dos autores sobre as questões educacionais, presentes nas narrativas, é o fator que realmente torna os documentos autobiográficos e literários documentos únicos, privilegiados, para contarem histórias ainda não contadas, explicitarem modos de apropriação dos discursos educacionais, políticos e pedagógicos, bem como a reconstrução de representações, a partir da valorização da experiência profissional.

As reflexões sobre a especificidade do ponto de vista autobiográfico indicam que não existe uma forma de interpretação que contemple, de maneira unitária, a documentação, mas é possível ampliar o conhecimento sobre mecanismos de interação entre escritores e a escola, entre professores, alunos e o sistema de ensino, e compreender dimensões da história da profissão docente, das práticas e cultura escolar (VIÑAO, 2000; CATANI, 2005). Na historiografia da educação acontece situação semelhante à da área da historiografia geral, a saber: da constituição de arquivos específicos para a recuperação da história dos sujeitos comuns, das mentalidades e de atores sociais que não se fazem representados em outros tipos de documentos. Outro elemento importante, que valida a incorporação dessas fontes na pesquisa em história da educação, diz respeito ao interesse por uma história cultural da sociedade, na qual o estudo das práticas e do cotidiano escolar é essencial (NÓVOA, 1994; CHARTIER, 1990; NUNES, CARVALHO, 1992).

Existem duas perspectivas de abordagem do documento (auto)biográfico: como fonte para a história da educação e da escola e como objeto de estudo específico. Como fonte, essa documentação deve ser cruzada com outras para que se consiga algum tipo de generalização dos conhecimentos produzidos na análise. Estes documentos têm servido como fonte para a história da educação feminina, estudos de gênero, história das práticas de leitura, história da cultura escrita e história da educação e dos processos formativos efetuados por meio da leitura e da escrita, entre outros. Como objetos de pesquisa, há estudos sobre a história do livro e das edições; outros sobre os significados atribuídos aos livros por autores e leitores e, dessa forma, voltados para a recuperação da história concreta de sua produção e apropriação, e, finalmente, estudos que buscam compreender o seu significado no conjunto da história da profissão docente.

Para as duas abordagens, a investigação cuidadosa de alguns aspectos poderia ensejar novas interpretações: a) observar as diferenças de estilo, gêneros, recursos de linguagem e conteúdo, formas de discurso que marcam o sentido dos textos; b) identificar a posição dos narradores e autores na obra (primeira ou terceira pessoa, mais ou menos autobiográfico em sentido estrito), configuração dos destinatários ideais e análise conjunta com o item (a) para que se possam compreender os protocolos de leitura pragmática ou retórica dos textos; c) conhecer os contextos, fatos, pessoas, lugares sociais, debates, objetos e questões em disputa, com os quais os autores dialogam e, em função disso, tentar entender os propósitos que motivaram a redação das memórias, autobiografias e diários; d) analisar as formas de apropriação, as práticas de leitura, as marcas do projeto editorial, se houver, e a materialidade dos textos, sempre em busca de indícios de possíveis modos de compreensão do significado histórico-sociológico dos mesmos; e) identificar o "trabalho de memória", rememoração, esquecimento e seleção, e sentidos das escolhas feitas no processo de construção da trajetória de vida.[30]

30. Nesta parte do trabalho incorporamos as reflexões de Antonio Viñao (2000), desenvolvendo a descrição dos passos propostos pelo autor e acrescentando elementos.

Caberia, aqui, reiterar que a interpretação das fontes deve levar em conta toda a problemática de construção da escrita, que se apresenta como síntese totalizadora de um "eu" em relação a outros, normalmente constituídos como uma memória coletiva, ou oficial. Os autores escrevem a partir de um enquadramento social, lugares sociais da memória, incorporando dimensões da memória coletiva, criando imagens públicas, ou do tipo testemunhal, em que a representação de si busca o reconhecimento social, muitas vezes efetuando omissões, recusando a comunicação de experiências traumáticas ou utilizando os depoimentos em defesa de algum princípio ideológico ou moral (HALBWACHS, 1990; POLLAK, 1989; THOMSON, 1997). Além disso, existem condições sociais ligadas aos autores, que marcam a narrativa autobiográfica, assim como os textos literários e discursos em geral (BAKHTIN, 1993). Isto quer dizer que as posições sociais e convicções ideológicas de mulheres e homens, professores, alunos, escritores e pessoas comuns são determinantes no modo de construir a escrita.

Romances de formação profissional: elementos para a história da educação

Pensando nos móveis que levam os professores a escreverem relatos autobiográficos e a importância deles para a história da educação, analisaremos dois textos, os quais poderiam ser chamados de romances de formação profissional.[31] O primeiro, de Raimundo Pastor, *Alegrias, agruras e tristeza de um professor*, de 1971, narra a experiência dos primeiros sete anos de magistério. Somente muitos anos depois, suas anotações foram publicadas em livro pelo CPP (Centro do Professorado Paulista). A narrativa está emoldurada

31. O aprofundamento dessa ideia encontra-se na minha dissertação de mestrado, sob orientação da Profa. Denice Barbara Catani, *Literatura, memória e ação política*: uma análise de romances escritos por professores paulistas, FEUSP, 1996.

pela viagem que o professor faz até a região em que vai assumir as aulas. Nessa viagem de trem e de barco, afloram em sua memória reminiscências dos professores, das leituras e amizades do tempo de criança na escola primária e do período de formação no Curso Normal. A cada momento relembrado, Raimundo Pastor associa uma ação posterior, uma opção de vida e de profissão. Suas posições pedagógicas e sociais, estas últimas relacionadas à força política dos coronéis nas escolas primárias do litoral paulista, vão sendo explicitadas e contextualizadas, num espaço discursivo, que é, também, um espaço de memória.

O espaço físico, geográfico, da viagem e da cidade de pescadores é o elemento motivador de suas lembranças, propondo-se, por meio dele, um "espaço autobiográfico" e fazendo com que a escrita se torne densa, com alusões que transitam entre o espaço físico, o espaço da memória e o tempo presente. Isto é, tempo e espaço estão imbricados nas lembranças e o cotidiano presente se amálgama ao passado, criando perspectivas variadas do dia a dia da profissão e dos sentimentos do sujeito.

Vamos nos deter agora na análise da perspectiva do professor-escritor em relação ao seu próprio relato memorialístico. Os trechos citados são aqueles encontrados no prefácio; é a voz idealizada do autor. Na medida em que o relato não foi publicado quando de sua feitura, pode-se inferir que a intenção do professor era fazer uma autorreflexão, um diário retrospectivo de um momento significativo da sua carreira. No entanto, se observarmos a construção do texto, nos deparamos com as fórmulas e convenções do registro/gênero da autobiografia. O professor encena o "pacto autobiográfico", seduzindo o leitor pela promessa de veracidade, espontaneidade e testemunho: "O volume encerra de tudo. Tudo quanto, no decorrer desse tempo, me impressionou ou me atingiu, foi fixado em ordem cronológica, sem mira de um plano, sem intuito de obra acabada" (p. 5).

Como a autobiografia exemplar de Rousseau, sua escrita se dá a ver como testemunho, depoimento pessoal e construção de uma subjetividade. Está fazendo um uso privado da literatura, como forma de compensação pela perda dos laços com a cidade e em um momento de insegurança, de mudança de trajetória em sua carreira como professor. O texto serve de instrumento para o narrador conhecer-se a si mesmo e elaborar a sua experiência. O que vale na narrativa é o fluxo de consciência, espontâneo e desorganizado. Desse modo, o tema da viagem na narrativa funciona como metáfora do caminho percorrido para formar-se professor. O autor reitera: "Encontram-se descrições enfadonhas, anotações de incidentes, de brigas políticas, de rixas de arraial, de fatos tristes, de pinceladas alegres, de risos e lágrimas, numa promiscuidade de baú de mascates" (p. 5).

Entretanto, essa "promiscuidade de baú de mascates" é altamente elaborada. A "fabricação", ou ficcionalidade, do texto é evidente. O depoimento de Raimundo Pastor tem a função de transmitir um conhecimento do ofício que deriva da própria prática escolar, o que parece ser o princípio ideal de formação de professores defendido por ele. Transforma sua vida profissional e seus sentimentos em um exemplo para o leitor. O prefácio deixa entrever o espelhamento da escrita que se dirige ao leitor, solicitando que este também reflita sobre os conteúdos tratados no texto:

> Escrito por professor, [as lembranças] poderão parecer, à primeira vista, anotações pedagógicas ou didáticas, capazes naturalmente, de orientar principiantes. Não é só isso. Contêm, de fato, notas de caráter pedagógico-didático, pessoais, erros cometidos no início da carreira. Há também erros alheios, comentados como se fossem meus, para criticá-los mais à vontade. (p. 5).

Assim, a experiência pessoal é enriquecida pela visão da experiência de outros professores, fazendo com que a narrativa autobiográfica se aproprie de dados da realidade externa e se exponha como um discurso, um texto fabricado com intenções específicas. No prefácio, podemos identificar dois leitores ideais: os professores recém-formados e os dirigentes do ensino. Para demonstrar o seu posicionamento em relação à desvalorização da carreira, ausência de apoio pedagógico de diretores e inspetores, interferência dos políticos locais e inadequação dos estudos oferecidos pela Escola Normal, ressalta as qualidades e importância do professor como elemento civilizador do campo, levando a alfabetização ao interior do país:

> Naquele tempo, antes de trinta, a política era feudal. Os políticos dominantes consideravam-se senhores do local, e habituavam o povo a regime de obediência, passividade e servilismo. Não compreendiam, não podiam compreender, que na localidade se movesse palha sem seu consenso. Essa época passou. Com a disseminação do ensino na cidade e na roça, o povo foi adquirindo nova mentalidade e começou a reagir contra o primitivismo político. Os políticos não tiveram outra alternativa que a de irem se adaptando à nova ordem de coisas, adquirindo, assim, nova mentalidade. (p. 6).

Há outros tipos de "pacto autobiográfico" em que os autores não assumem a própria autoria, como no caso do romance autobiográfico de Dora Lice, autora fictícia criada por Violeta Leme, *O calvário de uma professora,* publicado em 1928. A autora por trás do pseudônimo foi professora normalista e atuou no interior de São Paulo na década de 1920. É um texto escrito no calor da hora, como o de Raimundo Pastor. Traça um quadro muito completo das tensões e modificações no sistema de ensino e no modelo de carreira docente. Além disso, expõe os seus sentimentos quanto às racionalizações que estavam sendo feitas por professores e professoras que atuavam nas escolas e por membros do corpo profissional que tinham mais visibilidade e dominavam a definição dos saberes pedagógicos e as regras sociais do campo educacional.

O recurso à ficção vem explicado no prefácio, único momento em que aparece o sentido concreto do texto, pois ele é endereçado ao Secretário do Interior, na época o responsável pela administração dos assuntos do ensino:

> "Ousamos, e grande ousadia, é Exmo. Snr. solicitar a vossa attenção para a insignificância destas páginas [...] Apreciaes certamente a verdade; ela não foi alterada. Os factos aqui narrados são authenticos; apenas para o bom andamento da narrativa, não obedecem a ordem chronologica [...] outro fim não temos senão pedir um pouco de attenção para a modesta educadora paulista, tão duramente tratada [...] É ella a força máxima que impulsiona o complicado machinismo da instrucção publica [...]Transformada em machina, trabalha como machina, e esse trabalho é contraproducente. Libertae-a das normas rígidas de programma forçados e extensos, não de acordo com as necessidades regionaes. Deixae-a agir mais livremente [...] tenha um pouco mais de autonomia em sua classe ou escola, e vereis o seu interesse pelo trabalho e pelo aperfeiçoamento do ensino. Tenha livre direito de debates, possa fazer demonstrações de sua experiência e será surpreendente o seu trabalho". (DORA LICE, 1928, p. 3-4).

Neste romance se quer estender muito mais o comentário analítico sobre a realidade escolar, narrando de forma detalhada passagens das relações entre professoras, diretores e inspetores, práticas e metodologias de ensino e tipos de professores e professoras.

As memórias, autobiografias e obras literárias são documentos essenciais, riquíssimos como testemunhos de visões de mundo, para quem deseja compreender como os indivíduos, no passado, conceberam a sua experiência histórica. Não são importantes apenas pelas descrições de épocas, mas pela maneira como dialogam com outros discursos e outras vozes sociais. São importantes pelo que dizem de si e dos outros, pelos vestígios de sentimentos e tensões sociais que encerram. Os professores-escritores parecem ter um "projeto" para a sua escrita, ou seja, universalizar as suas experiências como professores, dar a conhecer experiências de "outros", além de interferir na institucionalização da carreira e propor modelos de formação de professores. O entendimento da literatura como espaço formativo, de criação e conservação de valores e de identidades sociais, talvez possa explicar o uso que os professores-escritores fazem do texto ficcional.

Referências Bibliográficas

ADORNO, R. W. Lírica e Sociedade. In: *Benjamin, Adorno, Horkheimer, Habermas* (textos escolhidos). São Paulo: Abril Cultural, 1980.

ALBERTI, Verena. Literatura e autobiografia: a questão do sujeito na narrativa. *Estudos Históricos*. Rio de Janeiro: FGV, vol. 4, n. 7, 1991.

BAKHTIN, Mikhail. *Questões de literatura e de estética*: a teoria do romance. São Paulo: Unesp, 1993.

BOURDIEU, Pierre. A ilusão biográfica. In: _____. *Razões práticas*: sobre a teoria da ação. Campinas, SP: Papirus, 2005.

BUENO, Belmira Oliveira.; SOUSA, Cynthia Pereira; CATANI, Denice Barbara; SOUZA, Maria Cecília. Cortez Christiano de. Docência, memória e gênero: estudos alternativos sobre a formação de professores. *Psicologia USP*, São Paulo, 4(12), 1993.

BUENO, Belmira Oliveira.; CATANI, Denice Barbara; SOUSA, Cynthia Pereira. (Orgs.). *A vida e o ofício dos professores*. São Paulo: Escrituras, 1998.

BUENO, Belmira Oliveira.; CHAMLIAN, Helena Coharik; SOUSA, Cynthia Pereira; CATANI, Denice Barbara. História de vida e autobiografias na formação de professores e profissão docente (Brasil, 1985-2003). *Educação e Pesquisa*. Revista da Faculdade de Educação da USP. São Paulo: v. 32, n. 2, maio/ago. 2006.

CATANI, Denice Barbara. Estudos de história da profissão docente. In: LOPES, Eliane Marta Teixeira; FARIA FILHO, Luciano Mendes; VEIGA, Cynthia Greive (Org.). *500 anos de educação no Brasil*. Belo Horizonte: Autêntica, 2000.

CATANI, Denice Barbara; VICENTINI, Paula Perin. "Minha vida daria um romance": lembranças e esquecimentos, trabalho e profissão nas autobiografias de professores. In: MIGNOT, Ana Chrystina Venâncio; CUNHA, Maria Tereza Santos (Orgs.). *Práticas de memória docente.* São Paulo: Cortez, 2003.

_____. Lugares sociais e inserção profissional: o magistério como modo de vida nas autobiografias de professores. In: ABRAHÃO, Maria Helena Menna Barreto (Org.) *A aventura (auto)biográfica*: teoria e empiria. Porto Alegre: EDIPUCRS, 2004(a).

CATANI, Denice Barbara. As leituras da própria vida e a escrita de experiências de formação. *Revista da FAEEBA – Educação e Contemporaneidade.* Salvador, v. 14, n. 24, jul./dez. 2005.

CHARTIER, Roger. *A história cultural*: entre práticas e representações. Lisboa: DIFEL; Rio de Janeiro: Editora Bertrand Brasil, 1990.

CULTURA Escrita & Sociedad. Gijón: Ed. Trea, n. 1, sept. 2005. (Dossiê. *De la autobiografia a los ego-documentos: um fórum abierto*).

DORA LICE, *O calvário de uma professora.* São Paulo: Gráfica Irmãos Ferraz, 1928.

FERRAROTTI, Franco. Sobre o método biográfico. In: NÓVOA, António; FINGER, Mathias (Orgs.) *O método (auto)biográfico e a formação.* Lisboa: Ministério da Saúde: Departamento de Recursos Humanos da Saúde: Centro de Formação e Aperfeiçoamento Profissional, 1988.

JANCKE, Gabriele; ULBRICH, Claudia. De individuo a persona: nuevos conceptos analíticos entre la teoria autobiográfica y la investigación de auto-escrituras de vida. *Cultura Escrita & Sociedad.* Gijón: Ed. Trea, n. 1, sept. 2005. (Dossiê. *De la autobiografia a los ego-documentos: um fórum abierto*).

LAROSSA, Jorge. Notas sobre a narrativa e identidad (a modo de presentación). In: ABRAHÃO, M. H. M. B. (Org.). *A aventura (auto) biográfica*: teoria e empiria. Porto Alegre: EDIPUCRS, 2004.

LEJEUNE, Philippe. *O pacto autobiográfico*: de Rousseu à Internet. Belo Horizonte: Ed. UFMG, 2008.

MIGNOT, Ana Chrystina Venâncio; BASTOS, Maria Helena Câmara; CUNHA, Maria Tereza Santos (Orgs.). *Refúgios do eu*: educação, história, escrita autobiográfica. Florianópolis: Mulheres, 2000.

MIGNOT, Ana Chrystina Venâncio; CUNHA, Maria Tereza Santos (Orgs.). *Práticas de memória docente.* São Paulo: Cortez, 2003.

MORAES, Dislane Zerbinatti. *Literatura, memória e ação políticas*: uma análise de romances escritos por professores paulistas. Dissertação (Mestrado) – FEUSP, São Paulo, 1996.

NÓVOA, António. *História da educação*: perspectivas atuais. São Paulo: texto apresentado na FEUSP em 1994. (mimeo).

NÓVOA, António; FINGER, Mathias (Orgs.). *O método (auto)biográfico e a formação.* Lisboa: Ministério da Saúde: Departamento de Recursos Humanos da Saúde: Centro de Formação e Aperfeiçoamento Profissional, 1988.

NUNES, Clarice; CARVALHO, Marta Maria Chagas de. *Historiografia da educação e fontes.* Caxambu/MG: ANPEd, 15 Reunião Anual, 1992.

POLLAK, Michael. Memória, esquecimento, silêncio. *Estudos Históricos,* Rio de Janeiro: FGV, vol. 2, n. 3, 1989.

PASTOR, Raimundo. *Alegrias, agruras e tristezas de um professor.* São Paulo: Centro do Professorado Paulista, 1971.

ROUSSEAU, Jean-Jacques. *Confissões.* Rio de Janeiro: Livraria José Olympio, 1948.

SILVEIRA, Rosa Maria Hessel. A entrevista na pesquisa em educação – uma rede de significados. In: COSTA, Marisa Vorraber (Org.). *Caminhos investigativos II:* outros modos de pensar e fazer pesquisa em educação. Rio de Janeiro: Lamparina Editora, 2007.

SOUSA, Cynthia Pereira de; CATANI, Denice Barbara; SOUZA, Maria Cecília Cortez Christiano; BUENO, Belmira Oliveira. Memória e autobiografia: formação de mulheres e formação de professoras. *Revista Brasileira de Educação,* maio/ago. 1996.

SOUSA, Cynthia Pereira de. A evocação da entrada na escola: relatos autobiográficos de professores e professoras. In: BUENO, B.O.; CATANI, D.B.; SOUSA, C.P. (Orgs.). *A vida e o ofício dos professores.* São Paulo: Escrituras, 1998.

SOUSA, Cynthia Pereira de. A perspectiva de gênero nos estudos sobre narrativas autobiográficas. In: PASSEGGI, Maria da Conceição (Org.). *Tendências da pesquisa (auto)biográfica.* Natal: EDUFRN: São Paulo: Paulus, 2008.

SOUSA, Cynthia Pereira de. Narrativas autobiográficas em perspectiva comparada: histórias de formação de professores universitários. In:

SOUZA, Elizeu Clementino de; ABRAHÃO, Maria Helena Menna Barreto (Org.). *Tempos, narrativas e ficção*: a invenção de si. Porto Alegre: EDIPUCRS, 2006.

THOMSON, Alistair. Recompondo a memória: questões sobre a relação entre História Oral e as memórias. *Proj. História*, São Paulo, (15), abril. 1997.

VICENTINI, Paula Perin; RODRIGUES, Carla Marisa. *Memórias de sala de aula: uma análise de autobiografias de professores*. Lisboa: EDUCA, 2004 (b).

VINÃO, António. Las autobiografias, memórias y diários como fuente histórico-educativa: tipologia y usos. *Teias*, Rio de Janeiro: Faculdade de Educação: UERJ, 2000.

Aproximações entre história de vida, subjetivação e formação

Pesquisa (auto)biográfica na formação de professores para o ensino superior

Helena Coharik Chamlian

Introdução

As preocupações com a possibilidade de haver uma especificidade na aprendizagem do adulto, pensando naqueles que participam de programas de educação continuada e também, em especial, na formação do professor para o ensino superior, levou-nos ao desenvolvimento de experiências de pesquisa-formação voltadas para esse público.

Tais experiências representaram desafios teóricos e práticos que procuramos superar, movidos pela necessidade de buscar uma compreensão mais abrangente sobre os processos mobilizados na formação de adultos. Parece-nos que, se existe uma especificidade do processo de aprendizagem do adulto e se soubermos no que ela consiste, poderemos construir alternativas de formação mais profícuas.

São poucas as referências a essa questão, porém, o trabalho de Smith (1982) ofereceu-nos algumas pistas, quando afirma que existem três grandes características do adulto em sua orientação para a aprendizagem, resultantes de seus múltiplos papéis e responsabilidades e das experiências acumuladas em suas vidas. Assim, os adultos apresentam preferências por estilos e modalidades diferentes de aprendizagem; aprendem melhor quando sentem a necessidade de aprender e quando assumem a responsabilidade sobre o que, por que e como aprender. Além disso, Smith aponta que uma das características do processo de aprendizagem do adulto estaria no *uso da experiência pessoal* como recurso para aprender.

Consideramos essa descrição um ponto de partida, mas buscamos referências adicionais que ampliassem as explicações sobre essa especificidade. Encontramos na abordagem das histórias de vida em formação, promovida principalmente por Pierre Dominicé (1990) e Marie-Christine Josso (1991), uma perspectiva mais abrangente e mais fecunda na exploração do tema da aprendizagem do adulto.

Essa vertente se assenta em uma concepção global de formação. Sob o termo biografia educativa, Dominicé (1990) desenvolveu, em Genebra, uma experiência de pesquisa-formação que tinha por ambição teórica atingir um conhecimento do processo de formação nos seus modos de constituição e em seus efeitos de transformação. Trata-se para ele de "compreender os pressupostos através dos quais os adultos se formam" (DOMINICÉ, 1990, p. 18) e de "identificar os processos de aquisição do saber do adulto aprendiz" (p. 7).

Christine Delory-Momberger sintetiza, de modo ainda mais explícito, o paradigma no qual se inscreve nossa pergunta. Segundo ela:

> O recurso à pesquisa biográfica nas ciências da educação apoia-se na dimensão central da *formação* nos processos de *biografização* e na estreita relação entre *aprendizado* e *biografia*: todo percurso de vida é um percurso de formação, no sentido em que organiza temporal e estruturalmente as aquisições e os sucessivos aprendizados no âmbito de uma *história*; todo aprendizado está inserido numa trajetória individual na qual ele encontra sua forma e seu sentido em relação a um conjunto de habilidades e de competências articuladas numa *biografia*. (2008, p. 19).

O efeito de formação da história de vida, na sua versão de *biografia educativa*, é um efeito de conhecimento individual e íntimo para quem relata sua história de formação e teórico para o pesquisador que procura alcançar um saber sobre a formação. Essa teoria desenhada em Genebra faz da *experiência* um conceito central na compreensão do processo de formação e da *competência de aprender do adulto*[32]. Para tanto, o fundamento "ontogenético" da relação dessa competência com a formação deve ser pesquisado nas relações estabelecidas com a escola.

Josso, em trabalho sobre suas experiências de formação com profissionais, relata que, em duas ocasiões, teve oportunidade de pôr à prova uma concepção experiencial de formação, fundamentada nas consequências das observações biográficas. Nessas experiências, uma das preocupações foi introduzir um programa de formação sobre os processos de aprendizagem desenvolvidos e uma das evidências observadas foi que o modelo escolar do ensino foi tão dominante, para os aprendentes adultos, que eles sentiram grandes dificuldades em reconhecer que estavam na posse de competências de aprendizagem em autonomia (JOSSO, 2004, p. 79). Ela acrescenta que a constatação mais desoladora para o processo de inovação proposto foi a confrontação com a dificuldade dos participantes de admitirem que aprender não é apenas memorizar informações e um saber fazer, mas implica tempo em um trabalho sobre si para mobilizar os recursos indispensáveis a toda e qualquer aprendizagem.

Segundo Christine Delory-Momberger, a pesquisa de Genebra vai além das observações costumeiras que se traduzem em uma rejeição coletiva ao universo escolar. Ela afirma que "a pesquisa demonstra que aquilo que se estabelece para cada um durante o período escolar, e que é reatualizado no tempo de formação adulta, é uma configuração de relações entre a escola, a família, os grupos de pares, o mundo social em geral" (2008, p. 21). E continua:

32. Esta competência de aprender deve ser entendida em seu sentido mais amplo, podendo recobrir "objetos" bastante diversificados e não exclusivos dos saberes disciplinares ou formalizados. Já a *competência* deve ser entendida como o conjunto de saberes: formais, de experiência, saber-fazer, saber-ser; mobilizados ou mobilizáveis em situação de formação.

> Esta configuração articula formas de saberes diversificados e vividos frequentemente sob um modo de oposição (saberes da escola *versus* saberes da vida) cujo equilíbrio, ou desequilíbrio, marcam durante muito tempo a história de formação do sujeito. (2008, p. 22).

Ora, para que a formação do adulto tenha sentido é preciso que ele possa se re-situar nessa história e que esteja em condição de imputar uma significação às primeiras etapas de sua formação na escola.

A própria autora aprofundou ainda mais esta perspectiva, introduzindo uma modalidade de formação, os Ateliês Biográficos de Projeto, nos quais explora a dimensão de projeto que a produção de histórias de vida possibilita, trabalhando no procedimento de formação com as representações que os indivíduos oferecem nos relatos de suas experiências de formação e reinscrevendo-as na perspectiva de um projeto. "A dimensão de projeto é assim constitutiva do procedimento de formação, na medida em que ela instaura uma relação dialética entre o passado e o futuro e em que ela abre à pessoa em formação um espaço de *formabilité*" (DELORY-MOMBERGER, 2006, p. 366).

Esse conjunto de elementos muniu-nos para a realização das experiências de pesquisa, realizadas, no início, de modo exploratório e mais tímido e, com o decorrer do tempo, diante dos resultados obtidos, de modo cada vez mais seguro e entusiasmado. Consideramos, por exemplo, que tais pesquisas representaram para nós, primeiramente, um acúmulo de experiência. Vivemos, também, de modo intenso, durante os processos de pesquisa, dúvidas, incertezas, frustrações, motivações e entusiasmos que nos mobilizaram afetiva e intelectualmente, realizando o que Josso denomina de aprendizagem experiencial:

> [...] aquela que sobrevém quando realizamos uma experiência, que se apresenta, à primeira vista, como a incidência de um

> acontecimento inesperado em nossa vida, como uma situação surpreendente, que escapa às nossas rotinas (comportamentos, saberes) e o que precisamente não entra no campo da experiência adquirida e dos saberes disponíveis, de todas as ordens, que a constituem. (apud DELORY-MOBERGER, 2003, p. 81).

Tínhamos, ainda, pistas de que tais procedimentos nos conduziriam, de modo mais preciso, para a resposta a nossas questões, na medida em que tanto os representantes do movimento de Genebra, quanto Delory-Momberger, enfatizavam que a estruturação dos relatos de formação era determinada pela "lógica biográfica", que necessariamente inclui os processos de formação e de aprendizado. Nesse sentido, na maioria dos relatos, a inclusão das experiências escolares será sempre parte integrante. Essa inclusão reporta também as aquisições realizadas na escola, que, longe de se limitarem a saberes disciplinares e formalizados, são *ligas de saberes* (DOMINICÉ, 1999), que comportam igualmente saberes experienciais que encontram sua tradução nos comportamentos, nos modos de relacionamento, nas emoções e sentimentos, nas formas de pensamento e de raciocínio.

Nesta mesma linha, Delory-Momberger afirma que os documentos biográficos atestam amplamente o que os adultos em formação lembram da escola:

> o que designam de período escolar como sendo significativo para seu percurso de formação são muito mais que conteúdos de conhecimento, são as experiências relacionais, afetivas, sociais, das quais a escola foi, para eles, o campo e cuja polaridade emocional marcou a relação deles com o aprendizado e o saber. (DELORY-MOBERGER, 2008, p. 21).

Tínhamos, portanto, referências importantes para justificar a utilização das histórias de vida para a formação de adultos, principalmente aqueles destinados à docência no ensino superior, para os quais, mais do que prescrições e normas sobre como ensinar, a formação deveria pautar-se por uma "sensibilização à dificuldade pedagógica" (CHAMLIAN, 2008), pois não adianta propor ações sem a devida reflexão em torno de seu significado e de sua necessidade. Nesse caso, comenta Chamlian, "trabalhar com as histórias de vida, seja na perspectiva das histórias de formação, seja na perspectiva dos ateliês biográficos de projeto, mobiliza processos implicadores de transformação" (p. 136).

As diversas versões de formação realizadas nos permitiram reunir vasto material traduzido por relatos de formação autobiográficos, produzidos em momentos diferentes e a partir de procedimentos distintos: as autobiografias de formação e os ateliês biográficos de projeto. Em ambos, a questão da aprendizagem do adulto foi perseguida. Ela foi refletida de modo mais sistemático e coletivo nas histórias de formação, apresentando-se um conjunto de tópicos e elementos a respeito do tipo de aprendizado vivido e realizado. Nos grupos que participaram dos ateliês biográficos de projeto, a questão do aprendizado realizado não foi diretamente tematizada, mas veiculada nos relatos e nos balanços sobre o processo.

Temos procurado analisar os resultados obtidos, desde as primeiras experiências, apresentando-os em textos publicados nos últimos anos (CHAMLIAN, 2004; 2008). O contato com a proposta de Theodore Schulze (1985), que apresenta o modelo de aprendizado biográfico, oferece-nos uma nova oportunidade de análise desses resultados.

Este autor, que pode ser incluído na tradição alemã dos estudos biográficos, nos foi introduzido pelos trabalhos de Delory-Momberger (2003; 2005; 2008). Ela esteve imersa na cultura alemã, trabalhando em Frankfurt durante muitos anos e, em várias de suas obras, salienta a importância representada pelos estudos biográficos naquele contexto, ressaltando, por exemplo, o papel desempenhado pelos "romances de formação" do período romântico, a influência desempenhada pela filosofia do espírito de Wilhelm Dilthey nas ciências humanas e, mais recentemente, o papel desempenhado por Jürgen Henningsen (1981) e Theodore Schulze (1979, 1985) nas ciências da educação. O primeiro, formulou a hipótese de que a autobiografia representa um objeto privilegiado das ciências da educação, porque "ela exprime e recompõe o curso da vida enquanto processo de formação" (DELORY-MOMBERGER, 2005, p. 44). Já Schulze, com a publicação da obra *Aprender a partir de histórias*[33], juntamente com Dieter Baacke, desempenhou um papel fundador, ao colocar o quadro programático de orientação biográfica da pesquisa e da prática pedagógica, demonstrando que "as histórias de vida são, antes de tudo, relatos de aprendizagem e de formação" (DELORY-MOMBERGER, 2005, p. 44 e 45).

Segundo Delory-Momberger (2005), Schulze (1985) faz uma distinção metodológica do biográfico segundo três níveis: a biografia como *realidade vivida* (o bios), a biografia como *texto* e a biografia como *processo de formação.*

> Ele entende por "biografia como processo de formação" a relação que o sujeito estabelece entre a aprendizagem que ele extrai de sua própria vida, a forma presente que ele dá à sua vida, e o retorno que ele cumpre pela recordação de sua vida passada, e ele utiliza o termo "competência biográfica" para designar a capacidade desenvolvida pelo sujeito para estabelecer essa relação. (DELORY-MOMBERGER, 2005, p. 47).

Assim, em suas representações biográficas, o sujeito coloca em cena e experimenta o processo de formação pelo qual ele próprio se produziu. Ao distinguir o sujeito, o vivido e o material biográfico, Schulze (1985) construiu o primeiro modelo de "aprendizado biográfico", tal como aparece nas operações de biografização, e funda-

33. Estamos usando uma tradução livre do título da obra *Aus Geschichten lernen,. Zur einubung pädagogishen Verstehens*, Munchen: Juventa Verlag, 1979.

mentado no relacionamento das experiências do sujeito com formas de aprendizado que lhes correspondem.

Em artigo recente, especialmente reservado ao tema da aprendizagem biográfica, Delory-Momberger apresenta o modelo de aprendizado biográfico da seguinte forma:

> [...] ele propõe distinguir tipos de aprendizado de acordo com os interesses de conhecimento e de situações vividas pelo sujeito: o aprendizado *auto-organizado* é o que o sujeito conquista por sua experiência pessoal; o aprendizado *ecológico* remete às relações com o mundo circundante; o aprendizado *opositivo* resulta das situações de contradição, de ruptura, de crise; o aprendizado *simbólico* constrói-se através das cenas primitivas e das palavras que repercutem na vida do sujeito; o aprendizado *afetivo* remete ao mundo dos sentimentos e das emoções; o aprendizado *reflexivo* é adquirido no retorno às experiências biográficas. (DELORY-MOMBERGER, 2008, p.20, grifos nossos).

Deste modo, a partir dos elementos contidos nesse modelo de aprendizado biográfico, procuraremos, neste texto, fazer o exercício de análise dos resultados obtidos nas experiências de formação realizadas, buscando, a partir dessa leitura, uma nova compreensão sobre os processos de aprendizagem do adulto.

Os procedimentos e a análise de seus resultados

A pesquisa-formação

O processo de pesquisa-formação foi baseado na produção de relatos autobiográficos, sobre a história da formação, tendo como eixos a lembrança da entrada na escola, dos professores significativos e da escolha profissional. Ele se realizou no período de um ano e meio e permitiu tanto que se efetivasse a *autoformação* (PINEAU, 1983), quanto que se refletisse sobre as aprendizagens ocorridas no processo para construir princípios de formação do professor universitário. Realizada com os estudantes de pós-graduação – 15 ao todo – vinculados ao programa de educação, o estudo contemplou, também, a elaboração de trabalhos acadêmicos cujos temas desenvolviam os aspectos mais significativos observados nas autobiografias de formação. Esse procedimento possibilitou a criação de um processo de autorreflexão que, por sua vez, preparou a discussão do grupo sobre as aquisições e aprendizagens ocorridas, bem como a discussão e proposição dos princípios dali extraídos.

Permitiu apontar, por exemplo, alguns *aspectos facilitadores de aprendizagem do grupo*, como: o reforço da identidade; a busca pela alteridade (na família ou com parceiro); o prazer de aprender e a satisfação de demandas subjetivas. Além disso, foram considerados *os fatores internos e externos aos sujeitos que influenciariam a aprendizagem*, tais como: a experiência de vida; o projeto de vida; o autorreconhecimento de qualidades e competências; a capacidade de gestão do tempo e da energia; a existência de condições mínimas de estabilidade econômica, emocional e física e condições institucionais para o exercício da função docente, em instituições de ensino superior.

Outro conjunto de elementos apontado pelo grupo como *facilitadores da aprendizagem do adulto* diz respeito às concepções sobre o conhecimento forjadas na escolarização, tanto quanto sobre a forma de adquiri-las. Desse modo, mencionaram os processos que criam espaços para a construção de conhecimento compartilhado e a importância da avaliação resultante do processo de autorreflexão.

O grupo destacou, ainda, a questão da humanização nas relações e as possibilidades de trocas afetivas e espaços de escuta, a criação de vínculos aluno/aluno e aluno/professor como *potencializadores dos processos de aprendizagem do adulto*, indicando que eles favorecem a implicação e provocam mudanças. Fizeram questão de deixar registrado, também, que a figura do professor continua a desempenhar papel importante, na medida em que é o mediador do processo de aprendizagem para o adulto.

Com esse levantamento, foi possível construir princípios para a formação do professor universitário, tendo em vista sua aplicação para o desenvolvimento de habilidades no estudante universitário.

Perguntou-se, ainda, o que seria importante promover na formação. Os elementos sugeridos giraram em torno das ideias de apropriação do patrimônio vivencial do adulto; de transformação individual, na tríplice dimensão: saber; saber-fazer; saber-ser; autonomização e independência intelectual (formação-ação, formação investigação, formação-inovação) e, finalmente, na busca e/ou definição de um projeto de curto, médio e longo prazo.

Buscando aplicar o modelo de Schulze (1985) a essas observações e recomendações, obtivemos o seguinte quadro comparativo:

Modelo de Aprendizado Biográfico de Schulze	**Grupo Pesquisa Formação**	
Tipos de Aprendizado	Facilitadores da Aprendizagem do adulto	Fatores Internos e Externos que influenciam o aprendizado
Auto-Organizado		- Concepções sobre o conhecimento adquiridas na escolarização - Experiência de vida - Autorreconhecimento de qualidades e competências - Gestão do tempo e da energia
Ecológico		- Estabilidade econômica - Condições institucionais para o exercício da docência
Opositivo		
Simbólico		- Papel do professor como mediador do processo de aprendizado

Afetivo	Reforço da identidade Busca da alteridade Prazer de Aprender Satisfação de demandas subjetivas	- Estabilidade emocional e física - Humanização (trocas afetivas e escuta) - Criação de vínculos (aluno/aluno e aluno / professor)
Reflexivo		- Projeto de vida - Conhecimento compartilhado - Importância da avaliação resultante do processo de autorreflexão

Como se pode perceber, foi possível aproximar a maioria das categorias do modelo de Schulze às verificações apontadas pelos grupos de pesquisa-formação sobre os aprendizados realizados no processo, mediante a produção dos relatos autobiográficos, indicando uma confluência na lógica de funcionamento dos procedimentos de formação e de aprendizagem quando mobilizados pela produção de histórias de vida.

Os ateliês biográficos de projeto

A proposta dos Ateliês Biográficos de Projetos, de Christine Delory-Momberger (2006), foi desenvolvida com a intenção de explorar a dimensão de projeto que a produção de histórias de vida possibilita. Nesse caso, a narrativa de vida é representada como uma forma de *balanço prospectivo*, que liga as três dimensões da temporalidade (passado, presente e futuro) e visa fundar um futuro do sujeito, fazendo emergir seu projeto pessoal.

Partindo do modelo apresentado por Delory-Momberger (2006), fizemos uma adaptação para adequá-lo ao formato de um curso de Pós-Graduação, mas obedecendo às etapas previstas que compreendem: explicações sobre a proposta; elaboração, negociação e ratificação coletiva do contrato biográfico; produção da primeira narrativa autobiográfica e sua socialização em tríades; socialização da narrativa autobiográfica no grupo e a escolha de um escriba, que produz outra narrativa a partir da escuta; o tempo de síntese, que é composto da produção de um novo relato e da constituição de um projeto a partir dele, forjado e discutido nas tríades e, também, socializado no grupo. Finalmente, um mês depois, a realização de um encontro para um balanço de incidência da formação no projeto profissional de cada um.

Desenvolvemos quatro experiências sucessivas com os Ateliês Biográficos de Projetos, compreendendo, a cada vez, grupos de quinze sujeitos oriundos dos mais diversos programas de pós-graduação da universidade. Na composição dos grupos, além da diversidade de formação, encontramos regularidades dignas de registro: a maioria dos participantes frequentava cursos voltados para a área de saúde, com características interdisciplinares marcantes do ponto de vista da pesquisa. Alguns se inscreveram por curiosidade e/ou interesse na formação e outros apresentavam, também, uma forte inclinação à docência.

A cada versão do ateliê, formulamos um contrato de trabalho inspirado na proposição de Delory-Momberger, que submetemos aos grupos, com a condição de aceitação por escrito da proposta. Tratava-se de delimitar, de modo preciso, o espaço de trabalho no grupo e induzir o aluno a um compromisso com a proposta. Do contrato, faziam parte os pressupostos formulados pela autora, os objetivos, um código de segurança e a fixação de regras de funcionamento do trabalho coletivo[34].

Após a adesão ao contrato, as etapas previstas para o ateliê eram obedecidas, porém a cada experiência algumas modificações foram introduzidas. Desse modo, desde a primeira experiência programamos leituras teóricas que deveriam servir como referência e

34. A autora insiste na importância do estabelecimento do contrato no início do processo de formação. Segundo ela, o ateliê não consiste num processo de "desenvolvimento pessoal", nem numa ação com dimensão terapêutica. "Os procedimentos de objetivação das produções individuais (relatos orais ou escritos) e o caráter coletivo do trabalho são garantia do distanciamento crítico e da dimensão de socialização, inerentes a um procedimento de formação" (DELORY-MOMBERGER, 2006, p. 368).

contraponto para a reflexão sobre os processos vividos[35]. Porém, além das seis etapas previstas, incluímos, na última vez em que realizamos o ateliê, a escrita de um diário durante o período do ateliê, que seria a base para um trabalho reflexivo a ser entregue um mês após o término dos encontros, no balanço de execução dos projetos.

Análise de um relato pela sua categorização

Para a análise dos resultados dessa modalidade de formação, nos valeremos de um relato, apontando os tipos de aprendizado mais evidentes do modelo apresentado por Sculze, contido nas passagens selecionadas.

Aprendizado simbólico

> Sou a filha mais velha e nessa época meus irmãos, dois meninos, ainda não tinham nascido e a pessoa com quem mais brincava era minha avó materna, uma pessoa importante em meu percurso formativo. Em meus primeiros contatos com livros me lembro de estar ao lado de minha avó, que me contava muitas histórias. Era ela quem cuidava de minhas lições e acompanhava meus primeiros estudos. Desse jardim de infância que frequentei, o Jardim Brasil, uma pequena escola de bairro, me lembro muito pouco.
>
> Duas lembranças da época que passei nesse colégio são muito fortes. Lembro de minha professora do pré e especialmente de uma cena em que fui parabenizada por ter escrito corretamen-

35. Os textos indicados foram: JOSSO, M-C. *Experiências de vida e formação* (2004). DOMINICÉ, P. A biografia educativa: instrumento de investigação para a educação de adultos. In: NÓVOA, A. (1988) e os artigos de Gaston Pineau, Pierre Dominicé, Christine Delory-Momberger E Marie-Christine Josso, que compõem a seção Em Foco da Revista Educação e Pesquisa, V. 32, N.2, P. 385-410, Maio/Ago. 2006.

te uma palavra considerada difícil para o período das primeiras letras. Acho que desde cedo demonstrei extrema "adesão" ao projeto escolar.

Além da cena em que fui parabenizada, lembro também de uma outra em que fui repreendida e punida por um professor por ter participado, juntamente com um grupo de outras crianças, de uma zombaria a outro colega. Talvez seja a única vez em que tenha sido repreendida por um professor. A repreensão foi justa e fiquei me sentindo culpada. Não me recordo de isso ter se repetido em nenhum outro momento de minha trajetória escolar.

Aprendizado opositivo

Ser boa aluna parecia um jogo, era uma forma de agradar. Era como se tudo fosse um jogo em que eu estava sempre ganhando porque agia da maneira que esperavam. Ou será que era a maneira que eu esperava? Parecia que sempre respondia as expectativas que tinham a meu respeito e quem sabe as minhas próprias. Qual o limiar entre essas perguntas? Ao que, ou a quem eu estava respondendo? Havia algum controle das experiências? Meu ou do outro? A situação educativa é possível de ser controlada? Os sujeitos são manipuláveis? Talvez hoje essas sejam questões importantes em minhas reflexões no campo da educação[36].

Fico intrigada na medida em que estudei grande parte da vida em colégios religiosos, fiz a primeira comunhão, participei de ritos de passagem sempre na capela do colégio, mas hoje não sou adepta de nenhuma religião, pelo contrário, vejo a religião como uma forma de ideologia, de ilusão

.

36. Embora estejamos exemplificando a categoria "aprendizado opositivo", encontramos neste trecho, também, um exemplo de aprendizado autorreflexivo.

Aprendizado auto-organizado

A escolha do curso de Magistério se deu por conta da prevalência das disciplinas da área de humanas em detrimento das exatas, uma preferência bastante clara para mim durante todo o ginásio. Até mesmo porque dos raros deslizes que cometi na trajetória escolar certamente estiveram ligados à área de exatas. Lembro de uma única vez que fiquei de exame, de matemática, e tive que ter aulas particulares. Uma única vez, mas foi marcante. Um pequeno deslize com consequências marcantes nas minhas escolhas futuras. A escolha do magistério livrou-me desse problema.

A oportunidade de participar de uma experiência com um grupo de pesquisa por meio de um trabalho de iniciação científica certamente foi decisiva em relação às escolhas que fiz no período da graduação e mesmo em relação à decisão de fazer um trabalho de mestrado. [...] O convívio com o grupo de pesquisadores, assim como com a escola pública em que desenvolvemos a pesquisa propiciou percepções mais claras tanto de questões teóricas quanto práticas das mais diversas ordens dentro do campo da educação.

Durante a graduação, além do grupo de pesquisadores com quem aprendi muito, vários professores me marcaram. Curiosamente um de cada área das ciências da educação e da Didática, essa "dispersão" curiosamente contribuiu para manter o interesse em continuar estudando. Mas quem foram eles? Professores que me apresentaram ideias ou teorias que representam o imprevisível. Dentre eles um professor de psicanálise que desconstrói a educação dizendo que o ato educativo é impossível, uma outra de didática que mostra a fragilidade do discurso pedagógico, um de história que evidencia a descontinuidade da história e a importância do cotidiano, uma de linguística que diz que a linguagem não serve para comunicar. A ambiguidade de quem quer se distanciar para compreender e controlar, mas se vê encantada e paralisada pelo imprevisível. Como lidar com o que não é conhecido, com o que não se domina? As escolhas não são aleatórias...

Aprendizado ecológico

A participação no movimento estudantil também trouxe uma visão mais ampla sobre algumas questões e contribuiu bastante para a formação de determinadas concepções políticas e até mesmo pessoais. Além disso, permitiu um contato com colegas de fora da faculdade de Educação. Foi nesse espaço, nos corredores, para além das aulas, que pude estreitar laços com a pessoa com quem me casei e vivo atualmente[37].

Aprendizado reflexivo

Em meu caminho, ou caminhos, a escola tem possibilitado abertura para novos interesses e experiências. Talvez algo como um ponto de partida para outros voos, um espaço para a liberdade. Mas foi a escola por si só que abriu essas possibilidades, ou isso está relacionado com a minha participação singular nessa instituição? Mas há espaço para as singularidades no ambiente escolar? Para o imprevisível, para a infinidade de possibilidades, para as contradições?

Um bom momento para uma primeira autobiografia formativa, para uma tomada de consciência que me ajude a me situar e orientar... Mais do que procurar respostas, buscar entender por que faço, ou por que posso fazer as perguntas que faço hoje. E por que faço essa narrativa hoje? Talvez a própria narrativa faça emergir o sentido...

37. Neste exemplo encontramos uma dupla possibilidade de categorização, podendo também ser considerado como aprendizado afetivo.

Projeto formulado a partir da narrativa – relativo à vida profissional

> Pretendo reformular e compreender melhor a questão central de meu projeto de mestrado. A narrativa possibilita perceber com mais clareza que as escolhas não são aleatórias A narrativa evidenciou que uma pergunta importante que posso fazer hoje a partir de minha trajetória de formação está relacionada à ideia de possibilidade ou não de controle, manipulação, domínio no ato educativo.

No caso deste relato, produzido no Ateliê Biográfico, pudemos perceber, mais uma vez, a pertinência do modelo de aprendizado biográfico proposto por Schulze. Todas as categorias propostas foram contempladas no relato, embora nem sempre de modo evidente, como procuramos assinalar nas notas de rodapé. Tal constatação, longe de significar uma limitação, mostra-nos a necessidade de cuidado na análise e, sobretudo, chama-nos a atenção para um trabalho que nada tem de formal ou mecânico.

Considerações finais

O ensaio de análise aqui realizado mostrou-se bastante promissor, apontando para a fecundidade de realizarmos novos estudos sobre o material produzido. Assim, pudemos verificar, até sobejamente, que os processos de formação com base nos relatos autobiográficos promovem aprendizados para além dos saberes escolares, da aquisição e ou do reforço de uma "*competência narrativa* que corresponde a um modo de estruturação não só da língua, mas também da ação e do pensamento" (DELORY-MOMBERGER, 2008, p. 33, grifos nossos).

A utilização do "modelo de aprendizado" de Schulze mostrou-se elucidativa e funcional pela clareza, abrangência e pertinência dos tipos de aprendizado apresentados. Verificou-se, ainda, a riqueza permitida pela classificação, quando nos deparamos com comportamentos, considerações e reflexões que podem abarcar mais de uma categorização, proporcionando matizes de análise que, longe de transformá-lo em instrumento mecânico, permite-nos o exercício de rigor e criatividade, na sua utilização.

Se considerarmos que esse modelo contempla a formação de modo global, podemos perceber que as histórias de vida presentes tanto na modalidade pesquisa-formação, quanto nos ateliês biográficos de projeto, permitem que se estruturem, se apreendam e se construam "objetos" de aprendizado, como reitera Delory-Momberger (2008), quer se trate de saberes formalizados, de habilidades processuais e de competências multidimensionais e, sobretudo, permitem a percepção de sua própria capacidade de mudança.

Assim, na modalidade pesquisa-formação, a teorização sobre a aprendizagem do adulto, eixo da investigação-formação formulada pelo grupo, a partir da análise dos relatos individuais e do balanço do processo como um todo, permitiu-nos avaliar as amplas possibilidades que se abrem com os processos de re-apropriação das histórias de vida, ocasionados pela produção das autobiografias, especialmente quando o objetivo é o de favorecer a formação do sujeito, mediante o exercício da autonomia.

Na modalidade do ateliê biográfico foi possível também perceber, mesmo que a partir de um único relato, a pluralidade de aprendizados manifestos e a tendência quase constante de re-apropriação da história de vida, pela expressão do aprendizado reflexivo. Além disso, no exemplo utilizado, verifica-se o exercício da competência narrativa e a originalidade que os processos de formação pelos relatos autobiográficos propiciam.

Retomando a questão da especificidade da aprendizagem do adulto, podemos considerar que a produção de relatos de formação é particularmente adequada, na medida em que favorece o papel central que os educandos devem ocupar nos modos de apreensão e de apropriação dos saberes e conhecimentos, no nosso caso, futuros professores universitários, para os quais o exercício da autonomia, na escolha dos conteúdos programáticos e na elaboração de projetos, é parte vital do exercício da docência. A este respeito, as afirmações contidas em um "diário" de um dos participantes do ateliê revelam o efeito produzido pela experiência de formação:

> O caminho trilhado levou a um reconhecimento das diferentes experiências formadoras de minha vida, do quanto cada uma delas continua comigo, ou se perdeu pelo caminho. Como consequência, possibilitou clareza em relação a certas escolhas, atitudes, valores que carrego e que, por opção, deixarei de lado, ou continuarei praticando.
>
> Essa consciência despertada me levará ao cabo de muitos projetos e a idealização de outros, espero, de forma consciente e autônoma, como real sujeito de meu processo formativo. Uma coisa é certa, não será mais possível passar por outras experiências de formação sem tomar para mim a responsabilidade que me cabe nela, sem reconhecer que não há formação que não seja autoformação. (Diário de Ateliê, julho 2009).

Finalmente, como já dissemos alhures (2004), os procedimentos requeridos no processo de formação, mediante a produção de relatos autobiográficos, com sua natureza praticamente artesanal, permitem apenas *iniciar* o adulto no percurso de autoformação e também possibilitam recuperar a essência do processo educativo: *autonomia, reflexão, compromisso com o futuro.*

Referências Bibliográficas

CHAMLIAN, H. C. *Experiências de Pesquisa*: o sentido da universidade na formação docente, 2004. Tese (Livre-docência em Educação) – Faculdade de Educação, Universidade de São Paulo, São Paulo, 2004.

CHAMLIAN, H. C. Métodos autobiográficos e práticas de formação de adultos: apontamentos e balanços sobre experiências realizadas. In:

SOUZA, E. C.; PASSEGGI, M. C.; ABRAHÃO, M. H. M. B. (Org.). *Pesquisa (auto)biográfica e práticas de formação.* Natal, RN: EDUFRN; São Paulo: Paulus, 2008.

DELORY-MOMBERGER, C. *Les histoires de vie*: de l'invention de soi au projet formation. Paris: Anthropos, 2000.

_____. *Biographie et éducation*: figures de l'individu-projet. Paris: Anthropos, 2003.

_____. *Histoire de vie et recherche biographique en éducation.* Paris: Economica/Anthropos, 2005.

_____. Formação e Socialização: os ateliês biográficos de projeto. *Educação e Pesquisa*, São Paulo, v.32, n.2, p. 359-371, maio/ago. 2006.

_____. Pesquisa biográfica em educação: orientações e territórios. In: SOUZA, E. C; PASSEGI, M. C.; ABRAHÃO, M. H. M. B. (Org.). *Pesquisa (auto)biográfica e práticas de formação.* Natal, RN: EDUFRN; São Paulo: Paulus, 2008.

DOMINICE, P. *L'histoire de vie comme processus de formation.* Paris: L'Harmattan, 1990.

DOMINICÉ, P. La compétence d'apprendre à l'âge adult: lectures biographiques des acquis de la scolarité. *Cahiers de la section des sciences de l'éducation*, n. 87, Université de Genève, nov. 1999.

JOSSO, Marie-Christine. *Cheminer vers soi.* Lausanne: Éditions L'Age d'Homme, 1991.

JOSSO, Marie-Christine. *Experiências de vida e formação.* São Paulo: Cortez, 2004.

PINEAU, Gaston. *Produire sa vie:* autoformation et autobiographie. Paris et Montreal: Ed. Edilig et Albert Saint-Martin, 1983).

SCHULZE, Theodore. *Pädagogishe Biographie Forshung, Orientierungen, Probleme, Biespiele.* Wienheim/Basel, 1985.

SMITH, R. M. *Learning how to learn.* Chicago: Follet, 1982.

Individuação, histórias de vida e formação

Ecleide Cunico Furlanetto

Restam outros sistemas fora do solar a colonizar.
Ao acabarem todos. Só resta ao homem
(estará equipado?).
A dificílima dangerosíssima viagem
de si a si mesmo: pôr o pé no chão
do seu coração experimentar
Colonizar
Civilizar
Humanizar
O homem
(Carlos Drummond de Andrade)

Drumond (1979) nos instiga a pensar nessa viagem perigosa e difícil de si a si mesmo, possível de ser feita pelo homem contemporâneo, mesmo habitando um mundo que teima em distanciá-lo de si. Esse texto emerge como tentativa de ampliar a compreensão a respeito de como essa viagem pode ocorrer na idade adulta, ancora-se em pesquisa documental e assume como objetivo explorar possíveis aproximações entre Individuação, Histórias de Vida e Formação.

A idade adulta

Ao se referir à idade adulta, Boutinet (1998) alerta que, durante muito tempo, ela foi considerada um estado de maturidade a ser alcançado. Com as mudanças ocorridas na sociedade pós-industrial, a percepção a respeito da idade adulta tem sido modificada, passou a ser concebida não como estado, mas como um problema a ser enfrentado. Os pesquisadores que se voltam para essa temática descrevem um adulto confrontado por acontecimentos que desestabilizam os contornos dentre os quais ele procura traçar sua trajetória. Mudanças sociais cada vez mais aceleradas, exigências profissionais e o prolongamento da vida colocam o adulto contemporâneo no lugar de eterno aprendiz.

As investigações a respeito dessa temática são consideradas recentes, suas bases só foram estabelecidas na segunda metade do século XX. Investigadores, entre os quais se destacam Bühler, Havinghurst, Erickson, Levinson e Jung, reconheceram que o processo de desenvolvimento humano não se interrompe na idade adulta, mas continua durante toda a vida (STAUDE, 1995).

Jung e a idade adulta

Jung se distancia de seus contemporâneos por não assumir uma visão desenvolvimentista do adulto. Ele foi capturado pelo tema ao ser procurado em seu consultório por adultos desamparados que viam suas vidas desprovidas de sentido. Após terem projetado sua realização em objetos exteriores, sucesso profissional, casamentos e aquisições materiais, sentiam que se tinham perdido nos caminhos da vida e, apesar de inúmeras tentativas de buscar sentido para existência, ainda se sentiam vazios e partiam para uma nova busca da sensação de estar vivo. Esses indivíduos, ignorantes de si, denunciavam que a vida não se estabiliza na idade adulta, mas continua propondo desafios.

O mundo atual não é mais o mesmo em que Jung viveu e produziu sua obra, todavia Jung continua sendo lido. Apesar das imensas diferenças existentes entre esses dois mundos, eles se tocam, ao se considerar que ambos são povoados por pessoas que sofrem, amam, trabalham, sonham, enfim vivem e buscam desesperadamente atribuir algum sentido às suas vidas.

Jung ainda tem muito a dizer a esse respeito, pois mergulhou fundo na psique humana e, ao descrever seus labirintos, contribuiu para a desconstrução da subjetividade moderna. Para Jung, a vida é uma criação pessoal e, nessa perspectiva, assemelha-se a uma obra de arte. Ao pensar dessa forma, aproxima-se de pensadores contemporâneos para os quais a vida segue sendo considerada um processo criativo. Bauman lembra que, como sugeriu Foucault, a identidade não nos é dada, "nossas identidades (ou seja, as repostas às perguntas básicas, "Quem sou eu?", "Qual é o meu lugar no mundo?", "Por que estou aqui?") precisam ser criadas, tal como são criadas as obras de arte" (BAUMAN, 2009, p. 74).

A diferença está em que, para o homem pertencente às gerações passadas, a obra de arte, possivelmente, seria vista como algo cujo valor é permanente, imperecível, resistente ao tempo e ao destino, fruto de um projeto cuidadoso. As gerações mais novas se pautariam nos artistas contemporâneos, produtores de *happenings* e instalações, os quais não se sabe como terminarão, pois, enquanto estão em andamento, tudo pode acontecer. "As duas gerações ("passada" e "nova") imaginam as obras de artes à semelhança do mundo particular cuja verdadeira natureza e significado se presume que as artes desnudem e tornem disponíveis à investigação" (BAUMAN, 2009, p. 75). As gerações que sobrevivem a esse mundo sabem que o conhecem como base na compreensão de suas experiências pessoais e das histórias contadas para relatá-las e dotá-las de significado. A arte da vida pode ganhar sentidos diferentes para gerações diferentes, mas todos a praticam, e o pensamento de Jung se atualiza por ter ampliado ao extremo a compreensão de como a vida é praticada.

O nascimento de sua obra

Jung, produziu sua obra em meio a duas guerras mundiais e a uma intensa revolução cultural. A Ciência Moderna, com sua visão reducionista, havia fragmentado o homem e o mundo, havia estimulado a não olhar para além dos muros que cercam os territórios e dado o direito de decidir quando abrir e fechar os olhos, quando separar e afastar (BAUMAN, 1999). Os sentidos construídos para a vida com base na metafísica, nas religiões e na tradição, considerados menores, estavam espremidos nos cantos escuros da modernidade. Por um lado, ela havia possibilitado o progresso material responsável pelo bem-estar objetivo; por outro, havia favorecido o empobrecimento da vida espiritual, o que desencantava o mundo e diminuía o bem-estar subjetivo.

Dimensões não investigadas pela Ciência Moderna passaram a ser exploradas. O que tinha sido rejeitado renascia com imensa vitalidade. "Um novo paradigma começava então a firmar-se com grande vigor nos vários campos da cultura, submetendo a mente a uma tensão que obrigava a conviver com o lado subjetivo da realidade" (GRINBERG, 1997, p. 21). Buscava-se, nessa época, ampliar os limites da realidade fixados pela Ciência Moderna. O mundo, no início do século XX, deixava de ser visto como uma simples máquina e passava a ser concebido como um sistema complexo de relações.

A razão soberana que prometera libertar o homem da irracionalidade isolou-se e tornou-se inflexível, colocando à margem dimensões que reivindicavam seus lugares. O mito, a imaginação, o sonho emergiam das sombras e pediam para se expressar. A realidade estava sendo esgarçada e nela penetravam o obscuro e o desconhecido que, cheios de vida e significado, fertilizam o pensar que, cindido pela modernidade, além de sua face racional, capaz de agarrar-se a realidade de operar com ideias e representações, podia apresentar sua outra face capaz de voar, descomprometer-se com a certeza e multiplicar realidades e sentidos.

Jung iniciou sua trajetória profissional no Hospital Mental de Burghölzli, dirigido por Bleuler (BAIR, 2006), conhecido pelo tratamento pouco ortodoxo, caracterizado pela proximidade existente entre médicos e pacientes. Logo percebeu que esses pacientes tinham uma história a ser contada, que escondia a chave para sua seu tratamento:

> [...] o doente tem uma história que não é contada e que, em geral, ninguém conhece. Para mim, a verdadeira terapia só começa depois de examinada a história pessoal. Esta representa o segredo do paciente, segredo que o desesperou. Ao mesmo tempo. (JUNG, 1992, p. 110).

Jung teceu sua prática clínica ouvindo as histórias de vida de seus pacientes e percebeu a importância que elas tinham para superação do sofrimento; havia algo contido nelas que, ao ser desvelado, possibilitava a libertação.

A ruptura de Jung com Freud isolou-o de seus amigos e lançou-o num turbilhão. Sentiu-se perdido e tinha a sensação de "estar caindo no desconhecido". "Sabia que o essencial estava em jogo e deveria tomar a peito minhas convicções" (JUNG, 1992, p. 150). Descreveu essa época como a do encontro com o inconsciente. Foi tomado por fantasias, imagens; conhecia o perigo de ser tragado por elas, mas também sabia que era necessário segui-las aonde quer que fossem em busca de um sentido criativo para o que vivia. Nesse trajeto, foi inventando maneiras de lidar com os conteúdos que emergiam, sem saber que estava delineando uma maneira nova de abordar o inconsciente, que se distanciava de interpretação freudiana. Ao invés de questionar por que algo acontece, Jung acolhia e circundava os acontecimentos, procurando olhá-los de diferentes perspectivas e perguntava para que aquilo estava acontecendo. Dessa forma, acolhia o novo sem aprisioná-lo ao conhecimento velho, risco que se corre ao se interpretar com base no anteriormente estabelecido. Esse deslocamento faz toda a diferença, rompe com uma forma de pensar causal que remete ao passado e se compromete com uma forma de pensar sincronística, que olha para a realidade buscando compreender como seus elementos estão em relação. Isso permite perceber as novas possibilidades que se anunciam.

Nessa fase, Jung buscou estabelecer uma rotina rígida que o mantinha ligado à realidade, mas dedicou um tempo para encontrar-se com seu mundo interior. Para isso, retornou às brincadeiras da infância, pois sabia que o menino que tinha sido guardava as chaves de sua criatividade.

> Todos os dias depois do almoço, se o tempo permitia, eu me entregava ao brinquedo de construção. Mal terminada a refeição, "brincava" até o momento em que os doentes começavam a chegar: à tarde, se meu trabalho tivesse terminado a tempo, voltava às construções. Com isto meus pensamentos se tornavam claros e conseguia aprender, de modo mais preciso, fantasias das quais até então tivera apenas um vago pressentimento. (JUNG, 1992, p. 155).

Brincar de construir possibilitou a Jung preencher o primeiro de seis caderninhos que coletivamente passaram a ser chamados de *Livro Negro*. Ao registrar esse processo, descobriu uma mitologia pessoal. Começou a experimentar com seus pacientes essa maneira de abordar a psique e observou que também eles buscavam encontrar sua mitologia.

Uma grande contribuição de Jung foi ter visto as crises e as doenças como rituais de iniciação. Isso ele deve ao romantismo alemão para o qual o organismo humano é solidário ao organismo total, o que resultou em uma medicina que não dissocia as dores do corpo das da alma. "Como a medicina romântica, Jung também confere à doença uma dignidade ontológica. A doença pode ser caminho para a consciência de si e para a verdade" (MARONI, 2008, p. 45).

Para Zoja, Jung lidou com a psique não tanto por meio de diagnósticos, técnicas e prognósticos que, costumeiramente, se pautam no modelo médico, mas, antes de tudo, promoveu um aprofundamento educativo, baseado na descoberta de si mesmo. "Um aprofundamento educativo pode seguir proveitosamente muitos caminhos que não se excluem uns aos outros; isso amplia o conhecimento e a consciência de maneiras tão variáveis quanto é variável a alma" (ZOJA, 2000, p. 15)

Individuação

A obra de Jung tenta falar disso, dessa capacidade que os seres humanos têm de ir em busca de um encontro com sua alma, mesmo que para isso seja necessário traçar rotas tortuosas. "Jung se valeu de muitos conceitos para nos contar, de mil maneiras diferentes, *o caminho*" (MARONI, 2008, p. 99). O homem para Jung é capaz de fazer travessias, de ir para além de si mesmo, de renascer tal como a Fênix, que morre e renasce das cinzas.

Ele nomeou essa busca de Processo de Individuação, construto central de sua obra. Ele inventou inúmeras maneiras de falar disso, da necessidade do ser humano de descobrir o seu sentido para a vida. Reconhece que o homem necessita ir em busca desse chamado imposto por algo que ele denomina de *Self*, uma instância percebida como o centro da personalidade. Essa busca não tem ponto final; parte-se tateando, espreitando sonhos, sinais que podem anunciar um caminho que se vai configurando e se revelando à consciência, solicitando cooperação e entrega, sem saber qual é o destino.

A grande questão que a Individuação propõe diz respeito a como uma subjetividade se constituiu em consonância com seu mundo interno e externo. Pode ser considerado o processo contínuo de transformação, ao qual são atribuídas características criativas e trágicas, porque a criatividade da individuação pressupõe avanços e recuos, evolução e involução e construção e destruição e, nessa perspectiva, torna-se trágica, distanciando-se de um processo evolutivo, assumindo as características de um movimento que articula diferenciação e integração (PIERI, 2002).

Esse movimento ocorre em diferentes níveis (PIERI, 2002). Ocorre em nível *subjetivo*, intrapsíquico, no qual as estruturas da psique vivem processos de diferenciação ao se abrir para o encontro entre o Eu e o Inconsciente. Acontece, também, em nível *objetivo ou intersubjetivo*, interpsíquico, dimensão em que ocorre a diferenciação do indivíduo em relação ao outro, o que possibilita encontrar-se com o outro, indivíduo ou coletividade, ao invés de fundir-se a ele.

Ela ocorre em um terceiro nível, o do *sujeito-objeto,* no qual o primeiro e o segundo se encontram num limiar entre Eu e Mundo, onde ambos estão unidos e separados. Há, ainda, um quarto nível, o *prospectivo*, no qual a Individuação é o olhar com que olhamos a nós mesmos e o mundo, constituindo-nos e constituindo o mundo em processo de atribuição de significado.

A Individuação, na perspectiva de Jung, é um fenômeno vivenciado na idade adulta, mais especificamente na transição para a meia-idade, quando mulheres e homens já executaram algumas tarefas básicas exigidas pela vida e começam a questionar-se a respeito de seu sentido. A individuação se dá na confluência da diferenciação e do encontro. O primeiro encontro necessário para a vivência da individuação, como já foi salientado, é com o Inconsciente, o mais temido pela subjetividade moderna que está enraizada na consciência, na razão e na objetividade, e se move na claridade, temendo as sombras que borram os contornos e hospedam o desconhecido. Para o homem moderno, o contato com o Inconsciente é perigoso porque ele desorganiza a consciência e subverte seus projetos. Em razão disso, a subjetividade moderna busca submetê-lo às suas normas, como costuma fazer com qualquer outro que difira de seus padrões. Para Jung, o Inconsciente é simplesmente o que não conhecemos, mas está aí produzindo sinais que se manifestam nos sonhos ou nas vivências significativas.

Esse medo do inconsciente fez com que ele fosse alinhavado à doença e empurrado para dentro de consultórios médicos. Para Zoja (2000), Jung, ao propor a Individuação como percurso ideal para o homem realizar a Paidéia Moderna, educação que busca o desenvolvimento humano em todas as idades e circunstâncias, aproximou a Psicologia Analítica da Educação. A Individuação mostra-se como Processo Educativo que permite ao ser humano descobrir seu mito pessoal que, mesmo escondido, contém um destino.

Alargando as fronteiras da formação

Assim como a Modernidade normatizou a vida, também normatizou a docência e a formação. O professor, nessa perspectiva, é alguém que concebe o conhecimento como uma verdade pré-estabelecida, delineada dentro da moldura da racionalidade e passível de ser transmitida aos alunos, mas que se propõe uma tarefa impossível: garantir a ordem e o controle sobre a aprendizagem do outro. O professor, na ótica da modernidade, tornou-se um técnico comprometido com metodologias adequadas, capaz de organizar os processos de ensino e aprendizagem com base em modelos pedagógicos, assim como ensinar configura-se como uma questão recorrente a ser respondida.

Formam-se professores postulando que o conhecimento é transmitido de maneira linear, num processo organizado pela lógica das disciplinas, fragmentado, ordenado e classificado. Os pilares da formação são os conhecimentos teóricos, sendo a prática considerada uma aplicação das teorias. A formação, nesta perspectiva, assume um discurso prescritivo acerca de como o professor deve ser e ensinar.

Novas perspectivas que se referendam em outras maneiras de conceber o sujeito, o conhecimento, o ensino e, consequentemente, a formação, estão sendo gestadas. Autores como Nóvoa (1992), Schön (1992), Perrenoud (1993); Pineau (2004) e Tardif e Lessard (2005), ao se referirem à formação, enfatizam a importância de se desvelar as experiências, os pensamentos, os sentimentos, os dilemas e as necessidades dos professores nos processos de formação. Eles descrevem uma nova ótica de formação que tem como ponto de partida não mais os conhecimentos teórico-metodológicos, mas o sujeito em formação.

A vida fragmentada pela modernidade e dividida em pessoal e profissional pode ser reunida nos espaços de formação. O professor é uma pessoa: "Urge por isso (re)encontrar espaços de interacção entre as dimensões pessoais e profissionais, permitindo aos professores apropriar-se dos seus processos de formação e dar-lhes um sentido no quadro de suas histórias de vida" (NÓVOA, 1992, p. 25).

Nessa perspectiva de formação, as histórias de vida assumem um lugar diferenciado, na medida em que instauram um tipo de formação na qual o indivíduo, ao relatar sua vida, produz sentidos. As histórias de vida incluem, nos cenários de formação, além dos saberes formais, outros saberes de ordem subjetiva, utilizados pelos sujeitos para enfrentar os desafios impostos pela vida. "Esses saberes 'não sabidos' desempenham um papel primordial na maneira como os sujeitos investem nos espaços de aprendizagem, e sua conscientização permite definir novas relações com o saber e com a formação" (DELORY-MOMBERGER, 2008, p. 95).

A formação, nessa perspectiva, não é algo que acontece em paralelo à vida, mas que se articula a ela. A formação que tem como eixo as histórias de vida se aproxima da Individuação e passa a contribuir com ela, revestindo-se de uma energia especial que flui quando a vida é colocada em movimento. Ao retomar sua história de vida, nos espaços de formação, e ao pensar sobre ela, os sujeitos se reencontram com experiências simbólicas (FURLANETTO, 2009), que se apresentam como ideias, emoções, acontecimentos que se destacam do pano de fundo da existência e pedem para serem compreendidos. Algumas experiências são facilmente acessadas pela consciência, enquanto outras, em parte, estão enterradas no território do não sabido e exigem que se esteja com elas um tempo maior para que elas se possam revelar.

O adulto, ao entrar em contato com seu percurso, pode buscar, de certa forma, em sua vida, em suas experiências, o que Jung buscava nos sonhos e relatos de seus pacientes: tomar consciência de um plano que vem permeando suas ações. Ao retomar sua história de vida, percebe que ela não é um conjunto de ações e de escolhas desconexas, mas que elas se articulam, desenhando um plano nem sempre conhecido.

A formação, nessa perspectiva, expande seus limites. Ao acolher os conteúdos "não sabidos" possibilita que a consciência, também, se expanda na vivência desse processo. Dessa forma, estará o adulto mais equipado, como diz Drumond, para realizar a dificílima viagem de si a si mesmo, no sentido de tornar-se mais humano.

Referências Bibliográficas

BAUMAN, Z. *Modernidade e ambivalência.* Rio de Janeiro: Jorge Zahar, 1999.

_____. *A arte da vida.* Rio de Janeiro: Zahar, 2009.

BLAIR, D. *Jung:* uma biografia. v. 1. São Paulo: Globo, 2006.

BOUTINET, J. P. *L'imaturité de la vie adulte.* Paris: Presses Universitaires de France, 1998.

DELORY-MOMBERGER, C. *Biografia e educação: figuras do indivíduo projeto.* Natal / São Paulo: EDUFRN / Paulus, 2008.

DRUMMOND de ANDRADE, C. *O homem; as viagens.* In: _____. Poesia e prosa. 5. ed. Rio de Janeiro: Nova Aguilar, 1979. p 440-441.

GRIMBERG, Luiz Paulo. *Jung:* o homem criativo. São Paulo: FTD, 1995.

FURLANETTO, E.C. Tomar a palavra: uma possibilidade de formação. *Revista @mbienteeducação*, São Paulo, v. 2, n. 2, p. 128-135, ago./dez. 2009.

JUNG, Carl Gustav. *Memórias sonhos e reflexões.* Rio de Janeiro: Nova Fronteira, 1981.

MARONI, A. A. *Eros na passagem.* São Paulo: Ideias e Letras, 2008.

NÓVOA, A. (Org.). *Os professores e sua formação.* Lisboa: Dom Quixote, 1992.

PERRENOUD, P. *Práticas pedagógicas, profissão docente e formação.* Lisboa: Dom Quixote, 1993.

PIERI, P. F. (Org.). *Dicionário junguiano.* São Paulo: Paulus, 2000.

PINEAU, G. *Temporalidade e formação.* São Paulo: Trion, 2003.

SCHON, D. Formar professores como profissionais reflexivos. In: NÓVOA, A. (Org.). *Os professores e a sua formação.* Lisboa: Dom Quixote, 1992.

STAUDE, J.R. *O desenvolvimento adulto C. G. Jung.* São Paulo: Cultrix, 1981.

TARDIF, M. e LESSARD, C. *O trabalho docente*: elementos para uma teoria da docência como profissão de interações humanas. Petrópolis: Vozes, 2005.

ZOJA, L. *História da arrogância*: psicologia e limites do desenvolvimento humano. São Paulo: Axis Mundi, 2000.

Singular – plural: as complexas relações entre subjetividade, cultura, memória e narrativas[38]

Teresa Cristina Rego

Objetivos e metodologia

O artigo pretende apresentar os resultados de uma investigação teórica realizada, que examinou a problemática da constituição da subjetividade em suas relações com a cultura, com as práticas educativas, com a memória e com as narrativas autobiográficas.

Apesar da profusão de estudos que abordam a autobiografia e as histórias de vida, os trabalhos que buscam estabelecer relações entre subjetividade, desenvolvimento psicológico, memória e narrativa, ainda são relativamente escassos. Assim, objetivou-se trazer contribuições para uma melhor compreensão dessas relações, com a perspectiva de colaborar para a necessária superação de determinadas visões e crenças acerca dos processos de constituição do sujeito, praticamente superadas no âmbito científico, mas ainda fortemente arraigadas no ideário educacional.

Com base na psicologia histórico-cultural e em outras fontes teóricas, a pesquisa buscou analisar as relações existentes entre as experiências individuais e os fenômenos coletivos, o jogo presente entre aquilo que é singular e o que é plural na constituição do universo psicológico das pessoas. Objetivou também compreender o complexo processo de

38. O artigo resulta de pesquisa realizada com o apoio do CNPQ Conselho Nacional de Desenvolvimento Científico e Tecnológico (Bolsa Produtividade, Processo no. 308242/2008-4).

constituição de uma versão narrativa de si-mesmo, evidenciando o papel da internalização da cultura nesse processo. A metodologia adotada baseou-se na revisão, leitura e análise de ampla literatura relacionada ao tema, particularmente dos trabalhos elaborados por L. S. Vygotsky, que trazem uma contribuição original para a análise do tema. O interesse principal foi, portanto, o de aprofundar os temas da subjetividade e da construção do eu como entidades socioculturais e psicológicas (MELUCCI, 2004), bem como o de entender o papel da memória, da cultura e das narrativas autobiográficas nesse processo.

Problemática

Nas últimas décadas tem havido, em diferentes áreas do saber, significativa valorização das formas narrativas do sujeito. Tal interesse decorre das transformações ocorridas nas Ciências Humanas, aquilo que se denominou de giro linguístico, giro hermenêutico, giro semiológico e giro pragmático.

Na educação, podemos constatar um crescente interesse pelo tema. Nesse campo, geralmente as histórias de vida vêm sendo utilizadas para o desenvolvimento de um amplo espectro de pesquisas sobre a profissão docente e também como dispositivos de formação do professor.[39] Essa tendência, originária de um expressivo movimento internacional, vem alcançando no Brasil grande repercussão, contribuindo para renovar a pesquisa educacional em vários aspectos, sobretudo a partir dos anos de 1990, com a divulgação dos trabalhos de uma série de autores (dentre eles: António Nóvoa, Mathias Finger, F. Ferrarotti, Ivor Goodson, Gaston Pineau, Pierre Dominicé, Marie-Christine Josso e Christine Delory-Momberger).

---

39. Ver balanço do conjunto dessas produções em Bueno, Chamlian, de Souza e Catani (2006), nas publicações resultantes das diversas versões do Congresso Internacional sobre Pesquisa (Auto)Biográfica – CIPA (realizado no Brasil em 2004, 2006 e 2008) e nos livros da coleção Pesquisa (Auto)Biográfica – Educação coordenada por Passeggi, Souza e Delory-Momberger (2008).

Considerada, até poucas décadas atrás, gênero literário de menor valor e prestígio no campo literário ou como fonte duvidosa para a historiografia, assistimos atualmente a uma espécie de sacralização do relato na primeira pessoa e da experiência individual. Beatriz Sarlo sintetiza as razões históricas que explicam essa guinada subjetiva e o atual interesse pela *razão do sujeito*, pela "revalorização da primeira pessoa como ponto de vista, a reivindicação de uma dimensão subjetiva, que hoje se expande pelos estudos do passado e os estudos culturais do presente" (2007, p. 18). De acordo com a autora, no que diz respeito à sociologia da cultura e dos estudos culturais, a temática da identidade dos sujeitos (examinada a partir de testemunhos e outras formas de narrações em primeira pessoa) ocupa hoje o lugar que, nos anos 1960, foi ocupado pelas estruturas:

Restaurou-se a *razão do sujeito* que foi, há décadas, mera "ideologia" ou "falsa consciência", isto é, discurso que encobria esse depósito escuro de impulsos ou mandatos que o sujeito necessariamente ignorava. Por conseguinte, a história oral e o testemunho restituíram a confiança nessa primeira pessoa que narra sua vida (privada, pública, afetiva, política) para conservar a lembrança ou para reparar uma identidade machucada (SARLO, 2007, p. 19).

Sem dúvida, a dimensão subjetiva nunca esteve tão viva, seja no mundo das artes (notadamente na literatura e no cinema), no jornalismo, no universo das comunicações ou nas pesquisas historiográficas, antropológicas e sociológicas contemporâneas. Vivemos época de apogeu do relato em primeira pessoa, que prolifera em forma de histórias de vida, entrevistas, autobiografias, lembranças, diários, memórias e relatos identitários, veiculados por meio de diversos canais: publicações, produtos televisivos e pela Internet.

Apesar do crescente interesse pelo tema, os diálogos daqueles que estudam o assunto com o campo da Psicologia ainda são pouco frequentes. Esse é justamente o propósito do presente texto. As reflexões aqui apresentadas estão relacionadas às investigações desenvolvidas no campo da Psicologia do Desenvolvimento e da Educação. Com base na psicologia histórico-cultural, que propõe uma abordagem original e consistente sobre a gênese do psiquismo humano (VYGOTSKY, 1993, 1996) e em outras fontes teóricas, tenho realizado estudos acerca da constituição da subjetividade por meio dos modos pelos quais o sujeito narra sua própria vida (REGO, 2003; REGO, AQUINO e OLIVEIRA, 2006).

Admitindo que a "individualização e a socialização são as duas faces indissociáveis da atividade biográfica" (DELORY-MOMBERGER, 2008, p. 28), meu interesse recai sobre as relações dialéticas existentes entre as experiências individuais e os fenômenos culturais e coletivos, expressas no complexo processo de constituição de uma versão narrativa de si-mesmo. Sob esse ângulo é de interesse tanto o conteúdo quanto a forma da narrativa autobiográfica, já que parto do pressuposto de que ambas as dimensões do fenômeno (o que se narra e o modo como se narra) contêm importante potencial analítico sobre a questão central da constituição da subjetividade.

Além da investigação de caráter estritamente teórico (cujos resultados são apresentados neste texto), atualmente estou desenvolvendo uma pesquisa empírica por meio da análise de um gênero de escrita de grande tradição na universidade pública brasileira: os memoriais acadêmicos. Estes textos, espécie de autobiografia intelectual e profissional de professores universitários, costumam ser exigidos nos processos seletivos ou de ascensão na carreira acadêmica (PASSEGGI, 2008). Embora constituam fonte fecunda para a pesquisa de diferentes âmbitos, os memoriais não têm sido suficientemente explorados.[40] No caso da pesquisa em curso estão sendo analisados memoriais apresentados em concursos para os mais altos cargos ou titulação da carreira universitária (Livre-Docência e Titular), produzidos por professores ligados diretamente ao campo da educação ou que, embora egressos de outras áreas, trazem insumos importantes aos estudos educacionais.

40. Neste sentido, os trabalhos pioneiros realizados ou coordenados por Passeggi (2008) sobre este gênero autobiográfico constituem-se importante exceção.

A pesquisa em curso objetiva explorar de que forma essas narrativas podem contribuir para uma melhor compreensão das relações entre o desenvolvimento psicológico e as práticas culturais que o constituem. Conforme analisado em artigo anterior (REGO, AQUINO, OLIVEIRA, 2006), busca-se apreender também, nessas narrativas, elementos constitutivos próprios de uma memória coletiva e discursiva, bem como vozes sociais e polifônicas que perpassam os relatos (HALBWACHS, 1976; BAKHTIN, 1992, WERTSCH, 2002). Dado o caráter coletivo das memórias, elas possibilitam a construção de um painel geral das diversas formas de influências recebidas e processadas pelos indivíduos ao longo da vida (ROSA et al., 2000). A intenção, todavia, não é a de empregar dados biográficos para ilustrar formas típicas de comportamento, mas a de investigar a interdependência de fatores que originaram combinações específicas na história de vida de cada sujeito, especialmente no que diz respeito à sua trajetória acadêmica e ao seu percurso intelectual.

Os dados obtidos até agora apontam a fecundidade da exploração dos memoriais como fonte de pesquisa na área da psicologia do desenvolvimento, já que, como outras narrativas autobiográficas, eles possibilitam o estudo de diferentes âmbitos inter-relacionados: o caráter histórico e dialético do desenvolvimento humano, os trabalhos da memória e o processo de composição das narrativas de si mesmo. Esses resultados não somente colaboram para a necessária superação da tendência presente na Psicologia clássica de desconsiderar a natureza histórica do desenvolvimento e da constituição da subjetividade, como também estimulam novas possibilidades de dialogo e articulação entre os campos da Psicologia e da Educação, tema tratado a seguir.

Contribuições da psicologia histórico-cultural

Durante um longo período, trabalhos originados no campo da Psicologia, apoiados numa visão estreita dos processos escolares e sociais, produziram explicações estigmatizantes a respeito das crianças (especialmente as pobres) e de suas famílias de origem. Esse legado, largamente difundido entre educadores e psicólogos, possibilitou a legitimação de um discurso que patologizou os problemas de ensino e aprendizagem e, frequentemente, depositou sobre a criança e sua família a causa dos problemas escolares (PATTO, 1990; LAHIRE, 1997).

Vários estudos recentes evidenciaram não somente a necessidade de alterações profundas nas visões já consagradas na Psicologia, como também nas explicações dominantes sobre alguns problemas crônicos do sistema educacional. Esses trabalhos vêm permitindo a mudança do eixo de discussão pautado até então na "culpabilização da vítima" (no caso, o aluno pobre, da escola pública) para a construção de um conjunto de conhecimentos sobre a complexidade envolvida nos problemas relacionados ao universo educacional e aos processos de constituição de singularidades. Embora difundidas nos meios acadêmicos, não são essas as visões que imperam na Educação contemporânea. Nos meios educacionais, geralmente, encontramos duas retóricas que pontuam o debate sobre a origem das diferenças entre os alunos e, consequentemente, as razões de seu êxito ou fracasso escolar.

Para uns, as diferenças são determinadas por fatores endógenos, independentes, portanto, da cultura, dos conhecimentos e das experiências educativas vivenciadas pelos sujeitos. Argumentam que é o patrimônio genético que definirá os dons, talentos e a capacidade mental de cada aluno e, principalmente, os limites e possibilidades da ação educativa. Terá sucesso na aprendizagem aquele que apresentar algumas qualidades e aptidões, como inteligência, interesse ou mesmo maturidade para aprender.

Para outros, nada é inato, já que o sujeito é concebido como produto da ação modeladora do meio social. Nesta ótica, as causas das dificuldades dos alunos são atribuídas ao universo social. Aparentemente mais progressista e engajada, essa perspectiva também acaba gerando imobilismo e resignação, provocados pela convicção de que as diferenças não serão superáveis pela educação escolar.

Nas últimas décadas, muitas pesquisas desenvolvidas na Psicologia da Educação têm demonstrado, de forma clara, os limites dessas crenças. Esses estudos têm trazido importantes insumos para o estudo do psiquismo humano, bem como para a compreensão mais abrangente e refinada dos problemas educacionais em sua complexidade.

De acordo com essas novas perspectivas, a dinâmica do desenvolvimento e da configuração de singularidades deve ser compreendida como processos constituídos a partir da articulação de uma grande complexidade de elementos, que envolvem fatores e significações ligados aos componentes pessoais, interações e contextos sócio-históricos e culturais. O desenvolvimento é entendido como um processo ativo, de apropriação pelo sujeito da experiência histórico-cultural. O sujeito é visto como alguém que transforma e é transformado nas relações produzidas em uma dada cultura.

Embora seja expressivo o número de autores contemporâneos que têm assumido essas premissas, podemos afirmar que essa abordagem se tenha consolidado a partir dos trabalhos pioneiros do bielorusso L. S. Vygotsky (posteriormente fortalecido pelas contribuições de A. R. Luria e A. Leontiev). Suas formulações (conhecidas como psicologia histórico-cultural) permitem entender a relação dinâmica e dialética existente entre a ação humana e os contextos sociais e culturais em que essas ações ocorrem. Baseado em sólido trabalho empírico, Vygotsky demonstra um olhar apurado, atento para apreender o jogo complexo e dialético entre as dimensões internas e externas dos processos de individuação e de construção de conhecimentos.[41]

Sua atenção recai sobre a interdependência entre experiência individual e realidade social, bem como sobre as implicações das práticas sociais coletivas para o desenvolvimento humano. A cultura, nessa ótica, assume papel proeminente na constituição de processos psicológicos. Por essa razão, ele se preocupa com a educação, que tem

41. O projeto teórico de Vygotsky era esclarecer as leis fundamentais do desenvolvimento psicológico. Por essa razão seus estudos experimentais centravam-se, principalmente, em duas dimensões: no estudo da gênese e desenvolvimento das funções psicológicas tipicamente humanas e no estudo da influencia das variáveis culturais na natureza dos processos cognitivos. (VALSINER e ROSA, 2007).

o papel de promover desenvolvimento (já que incide na chamada zona de desenvolvimento proximal ou potencial). Na perspectiva vygotskyana, é o aprendizado que possibilita, movimenta e impulsiona o desenvolvimento: "o aprendizado pressupõe uma natureza social específica em um processo através do qual as crianças penetram na vida intelectual daqueles que as cercam" (VYGOTSKY, 1984, p. 99). Visto sob este prisma, o aprendizado é o aspecto necessário e universal, uma espécie de garantia do desenvolvimento das características psicológicas tipicamente humanas e culturalmente organizadas.

Embora Vygotsky se refira à educação e ao aprendizado num sentido amplo, é possível identificar, em sua obra, várias passagens em que dirige a sua atenção especialmente à educação e ao aprendizado escolar. Sublinha que a escola, por oferecer conteúdos e desenvolver modalidades de pensamento bastante específicas, tem um papel diferente e insubstituível na apropriação, pelo sujeito, da experiência culturalmente acumulada.

A ideia de internalização é bastante importante na perspectiva da psicologia histórico-cultural. Nessa abordagem, o desenvolvimento humano é entendido como um processo de apropriação ativa do sujeito da experiência histórica e cultural. Nessa ótica, as funções psíquicas são relações sociais internalizadas. Tal processo, por sua vez, é mediado pelos outros e pelos signos, num curso de desenvolvimento que abrange evoluções e, sobretudo, revoluções. É por essa razão que se atribui papel crucial à linguagem na constituição dos processos psicológicos tipicamente humanos.[42] Desse modo, na intersecção entre processos psicológicos e desenvolvimento cultural, a questão da linguagem (entendida como ferramenta disponibilizada pela cultura), especialmente no que diz respeito às suas relações com o pensamento, destaca-se como particularmente relevante.

---

42. Autores contemporâneos discutem a centralidade dos processos de significação envolvida na internalização, já que o que é internalizado é a significação das experiências. Neste campo, destacam-se os trabalhos de Smolka (2004) e Góes e Cruz (2006) que analisam a significação como produção de signos e sentidos.

Assim, por meio do modelo vygotskyano, é possível concluir que as funções psíquicas humanas estão intimamente vinculadas ao aprendizado, à apropriação (por intermédio da linguagem) do legado cultural de seu grupo. Esse patrimônio, material e simbólico, é o conjunto de valores, conhecimentos, sistemas de representação, construtos materiais, técnicas, formas de pensar e de se comportar que os seres humanos constroem ao longo de sua história. E isto implica uma ação partilhada, já que é por intermédio dos outros que as relações entre sujeito e objeto de conhecimento são estabelecidas. O primordial na interpretação da formação do sujeito é que sua individuação se inicia nas experiências propiciadas na cultura: o indivíduo "se faz como ser diferenciado do outro, mas formado na relação com o outro: singular, mas constituído socialmente e, por isso mesmo, numa composição individual, mas não homogênea" (SMOLKA e GÓES, 1993, p. 10)

Do ponto de vista metodológico, Vygotsky propõe que se busque compreender a dimensão sociogenética, histórico-cultural e semiótica do ser humano. Por essa razão, ele insiste na necessidade de realização de pesquisas que sejam capazes de apreender a dimensão histórica do desenvolvimento: o curso de transformação que engloba o presente, as condições passadas e aquilo que o presente tem de projeção do futuro, bem como as relações dinâmico-causais (em que causa e efeito não são entidades de posição imutável) envolvidas nesses processos (GÓES, 2000).

Conforme trataremos a seguir, o conjunto de investigações atuais amplia a compreensão das relações existentes entre os processos psíquicos e as influências culturais. Embora sigam linhas diferentes, os novos dados não refutam as premissas básicas da abordagem histórico-cultural, mas têm permitido revisar, ajustar e atualizar os postulados já elaborados na matriz teórica elaborada por Vygotsky e seus colaboradores nas primeiras décadas do século passado.

Noção de subjetividade, intersubjetividade e constituição de processos identitários: perspectivas contemporâneas

É possível constatar uma crescente valorização de autores atuais das ciências humanas de um modo geral (de diversas filiações teóricas) pelos temas relacionados ao campo da subjetividade, da narrativa, da memória (individual ou coletiva) e da constituição identitária (no plano de uma cultura pessoal ou grupal). Tal interesse é identificável, inclusive, pelo significativo número de publicações recentes voltadas direta ou indiretamente a esses assuntos (como os trabalhos de Melucci, 2004, Dosse 2009, Dubar, 2005).

Nas análises contemporâneas o conceito de identidade tem sido também exaustivamente discutido e desconstruído por autores diversos, de diferentes áreas do saber (tais como Foucault, Dubet, Bauman, Lipovetsky, Sennett e Hall). As variadas perspectivas atuais criticam a ideia de uma identidade integral, fixa, coesa, estável e unificada. Além de múltiplas e provisórias, elas seriam construídas permanentemente ao longo de discursos, práticas e posições, em locais históricos e institucionais específicos. Muitos desses autores argumentam que, na contemporaneidade, os modos de subjetivação são marcadamente fraturados e fragmentados (REGO; AQUINO; OLIVEIRA, 2006). Portanto, as "identidades estão sujeitas a uma historicização radical, estando constantemente em processo de mudança e transformação" (HALL, 2000, p. 108). Além disso, elas emergem no interior dos jogos de poder e são, assim, mais o produto da marcação da diferença e da exclusão, do que o signo de uma unidade idêntica, naturalmente constituída. Nessa perspectiva, identidade seria, no limite, aquilo que é construído na diferença ou por meio dela (HALL, 2003).

A Psicologia também tem, por sua vez, participado nessas reflexões. Conforme discutido anteriormente (REGO; AQUINO; OLIVEIRA, 2006), muitas correntes teóricas já formuladas no campo psicológico discutem, de maneira mais ou menos direta, os processos de constituição da subjetividade e, consequentemente, as complexas relações entre indivíduo e cultura. Apesar de central e recorrente (a construção do eu é um tema clássico da Psicologia), este é um assunto controverso e de difícil abordagem, que não se constitui como um objeto de estudo coeso. Existe uma pluralidade de enfoques, de visões e teorias explicativas sobre o assunto. A própria noção de indivíduo tem significativas variações, conforme a abordagem teórica escolhida. Algumas falam em *self*, outras em *self* dialógico, outras em identidade, outras ainda em personalidade ou sujeito do inconsciente. Nesse campo, são numerosas as perguntas que ainda precisam ser respondidas. Todavia, é possível encontrar importantes contribuições em alguns trabalhos contemporâneos, que vêm permitindo novas e fecundas descobertas sobre as relações entre o desenvolvimento psíquico e as marcas culturais que o constituem (ROSSETTI-FERREIRA et al., 2004, dentre outros).

Vários trabalhos atuais dão especial destaque ao papel da memória e da narrativa na constituição das subjetividades e procuram pesquisar a denominada "identidade narrativa" (SINGER, 2004), ou seja, o modo como indivíduos empregam narrativas para desenvolver e sustentar um senso de unidade e propósito pessoal. Para esses pesquisadores, a narrativa ocupa papel central na formação de identidades. Em boa parte da Psicologia européia e norte-americana em particular, é possível observar, inclusive, uma espécie de efervescência acadêmica em torno desse tema, constatável pelo número crescente de publicações, linhas de investigação e encontros científicos sobre o assunto (como os estudos de Rosa, Bellelli e Bakhurst, 2000; Middleton e Brown, 2006; Salgado 2003 e Hermans e Dimaggio, 2007).[43]

---

43. Um bom exemplo do entusiasmo acadêmico com estes temas são as conferências sobre o *self dialógico*, promovidas pela International Conference on the Dialogical Self. O encontro, que já está na sua sexta versão, reúne pesquisadores de diversas origens e formação interessados em combinar diferentes perspectivas teóricas (tais como os trabalhos de Bakhtin e James com autores que se fundamentam na perspectiva da psicologia narrativa, da psicologia cultural, do construtivismo e da psicoterapia). O conceito do *self dialogical*, ainda novo e em desenvolvimento, diz respeito à ideia de que o *self* individual é social na origem e dialógico na função. Nessa perspectiva a ênfase recai sobre a natureza plural e polifônica da subjetividade.

Esses temas, candentes no debate da psicologia contemporânea, parecem indicar, dentre outras razões, algumas questões centrais presentes na vida individual e coletiva, para as quais ainda não temos todas as respostas. Rosa faz uma interessante análise dos traços e motivações que caracterizam essas perguntas fulcrais:

> Memória colectiva, historia e identidad son palabras que se refieren a conceptos centrales em la vida individual o colectiva. Puede decirse que apelan a algunas de las grandes preguntas que nos hacemos de manera recurrente cuando reflexionamos sobre nuestra vida individual o colectiva. En lenguaje llano, podríamos decir que la memoria es lo que nos permite plantearnos de donde venimos; la identidad nos conduce a la pregunta sobre qué es lo que somos, mientras que la historia nos hace reflexionar sobre adónde apunta nuestro destino, hacia nuestro futuro, al mismo tiempo que vincula tres regiones temporales – el pasado, el presente y el futuro – en las que se despliega nuestro ser individual y colectivo. (Rosa, 2000; p. 47).

Com certeza, história, identidade, linguagem e memória são temas fronteiriços, complexos e intimamente relacionados, que só podem ser explorados a partir de abordagens multidisciplinares e de novos recursos teórico-metodológicos.

A fecundidade dos relatos autobiográficos para o estudo da subjetividade: considerações finais

Partindo da premissa vygotskiana de que é preciso estudar os processos psicológicos como fenômeno histórico e socialmente determinado e do pressuposto de que o desenvolvimento não obedece a um itinerário linear e previsível, os relatos autobiográficos podem representar um recurso metodológico profícuo. Eles permitem que nos aproximemos do caráter fragmentário e dinâmico da subjetividade, bem como dos momentos contraditórios e complexos de sua constituição. Por meio das narrativas é possível compreender, ainda, não somente o modo como o sujeito interpreta e dá sentido à sua trajetória individual, mas também a pluralidade de percursos individuais no interior de processos mais amplos da historia e da cultura.

Delory-Momberger faz uma interessante reflexão sobre o importante papel das narrativas e das possibilidades ensejadas para a pesquisa. De acordo com a autora, "[...] Jamais atingimos diretamente o vivido. Só temos acesso a ele pela mediação das histórias. Quando queremos nos apropriar de nossa vida, nós a narramos" (2008, p. 36). Apoiada em Paul Ricoeur, especialmente naquilo que o autor designou como tessitura da intriga, Delory-Momberger explica a dinâmica envolvida nas narrativas de uma vida: "É a narrativa que faz de nós o próprio personagem de nossa vida; é ela, enfim, que dá uma *história* a nossa vida: *não fazemos a narrativa de nossa vida porque temos uma história; temos uma historia porque fazemos a narrativa de nossa vida*" (2008, p. 37). Para ela, há relação íntima entre as narrativas, a história e a cultura: "as historias que contamos de nossa vida *se escrevem* sob as condições socio-historicas da época e da cultura (das culturas) às quais pertencemos." Por essa razão, as representações biográficas dos sujeitos expressas nas suas narrativas de vida constituem "material privilegiado para se ter acesso à forma como os homens de uma época, de uma cultura, de um grupo social, biografam sua vida" (2008, p. 37-38).

Bruner (1995), por sua vez, esclarece que os relatos autobiográficos não somente expressam um conjunto de significados construídos culturalmente (numa determinada época e sociedade), mas se prestam, ao mesmo tempo, a nos singularizar. Depois de nos comprometermos com uma versão particular, o passado se torna essa versão ou se modula segundo ela. Por essa razão reconhece que o estudo de autobiografias pode significar um recurso metodológico valioso para investigações no campo psicológico, especialmente no que se refere à constituição da subjetividade (BRUNER e WEISSER, 2005).

Também para Bakhtin (1992) a narrativa autobiográfica tem a função de organizar as experiências vividas e de dar sentido à própria vida. É importante destacar que, de acordo com as teses de Bakhtin, aquilo que o sujeito narra sobre si mesmo não deve ser entendido como uma expressão de um discurso solitário e individual, já que outras vozes se incorporam inexoravelmente ao discurso do narrador. É por essa razão que ele chama a atenção para a polifonia de vozes e para a intertextualidade envolvidas na construção da memória.

Um sujeito, ao apresentar uma narrativa de tipo autobiográfico, constrangido pelas características desse gênero discursivo e pelo próprio contexto em que a narrativa é produzida (RICOEUR, 1995), organiza a apresentação de seu passado no momento mesmo da narração. Portanto, toda a narrativa autobiográfica "inscrita na temporalidade do presente [...] está submetida a uma perpetua reconfiguração" (DELORY-MOMBERGER, 2008, p. 58). Sendo assim, "não é tanto a história da vida que interessa em si, mas o sentimento de congruência experimentado entre o projeto de si e o passado recomposto, a impressão de *autenticidade* que essa historia tem para *mim* no aqui-e-agora em que eu anuncio" (DELORY-MOMBERGER, 2008, p. 66).

Visto que as memórias são não apenas individuais, mas também sociais e coletivas (HALBWACHS, 1990; LOWENTHAL, 1998), entendo que as análises das narrativas autobiográficas são potencialmente férteis para uma compreensão geral das várias fontes de constituição dos sujeitos ao longo de suas vidas, bem como das múltiplas redes de significação construídas pelo individuo em determinada época, cultura e grupo social (DOMINICÉ, 2006).

Como se vê, as perspectivas que as narrativas autobiográficas oferecem às investigações atuais são significativas. Embora se reconheça que a vida de qualquer indivíduo está sempre em excesso com relação às palavras que falam sobre ela e que, como gênero de discurso, toda a narrativa autobiográfica objetiva estabelecer linearidade, coerência e continuidade para experiências e vivências que são sempre dispersas, multifacetadas, fragmentárias e descontínuas

(DOSSE, 2009; BOURDIEU, 1996) para a pesquisa do desenvolvimento humano, as possibilidades abertas estão relacionadas, entre outros aspectos, à perspectiva de compreender a origem socio-histórica dos processos mentais e de examinar os fenômenos em sua complexidade e singularidade. De acordo com o que afirmou o historiador francês Marc Bloch, "[...] os fatos humanos são mais complexos do que quaisquer outros. É que o homem se situa na ponta extrema da natureza" (2001, p. 81). Por essa razão, tudo que ele "diz ou escreve, tudo que fabrica, tudo que toca pode e deve informar sobre ele" (2001, p. 79). Nesse sentido, as narrativas autobiográficas podem representar uma alternativa promissora para o enfrentamento da difícil tarefa de estudar a condição humana.

Referências Bibliográficas

BAKHTIN, M. *Estética da criação verbal.* São Paulo: Martins Fontes, 1992.

BLOCH, M. *Apologia da história ou o ofício de historiador.* Rio de Janeiro: Jorge Zahar Editor, 2001.

BOURDIEU, P. A ilusão biográfica. In: FERREIRA, M. de M.; AMADO, J. (Orgs.). *Usos & abusos da história oral.* Rio de Janeiro: Fundação Getulio Vargas, 1996. p. 183-91.

BRUNER, J. *Atos de significação.* Porto Alegre: Artes Médicas, 1997.

_____; WEISSER, S. A invenção do ser: a autobiografia e suas formas. In: OLSON, D. R.; TORRANCE, N. *Cultura escrita e oralidade.* São Paulo: Ática, 1995.

BUENO, B.; CHAMLIAN, H. C.; de SOUZA, C. P.; CATANI, D. B. Histórias de vida e autobiografias na formação de professores e profissão docente (Brasil, 1985-2003). *Educação e Pesquisa,* São Paulo, v. 32, n. 2, p. 385-410, maio/ago. 2006.

DELORY-MOMBERGER, C. *Biografia e educação*: figuras do indivíduo-projeto. São Paulo: Paulus; Natal: EDUFRN, 2008. (Coleção Pesquisa (Auto)Biográfica-Educação).

DOMINICÉ, P. A formação de adultos confrontada pelo imperativo biográfico. *Educação e Pesquisa*, São Paulo, v. 32, n. 2, p. 345-357, maio/ago. 2006.

DOSSE, F. *O desafio biográfico*: escrever uma vida. São Paulo: EDSP, 2009.

DUBAR, C. *A crise das identidades*: a interpretação de uma mutação. Porto: Edições Afrontamento, 2006.

GÓES, M. C. R. de A abordagem microgenética na matriz histórico-cultural: uma perspectiva para o estudo da constituição da subjetividade. *Cadernos Cedes*, v. 20, n. 50, Campinas, p. 9-25, apr. 2000.

_____; CRUZ, M. N da. Sentido, significado e conceito: notas sobre as contribuições de Lev Vigotski. *Pro-posições*, v. 17, n. 2 (50), maio/ago. 2006.

HALL, Stuart. *Identidade cultural na pós-modernidade*. 8. ed. Rio de Janeiro: DP&A, 2003.

_____. Quem precisa da identidade? In: SILVA, T. T. da (Org.). *Identidade e diferença:* a perspectiva dos estudos culturais. Petrópolis: Vozes, 2000.

HALBWACHS, M. *A memória coletiva*. São Paulo: Vértice, 1990.

HERMANS, J. M. & DIMAGGIO, G. Self, identity, and globalisation in times of uncertainty: a dialogical analysis. *Review of General Psychology. American Psychological Association,* v. 11(1), p. 31–61, March 2007.

LAHIRE, B. *Sucesso escolar nos meios populares:* as razões do improvável. São Paulo, Ática, 1997.

LOWENTHAL, D. *El pasado es um país extrano.* Madrid: Akal, 1998.

MELUCCI, A. *O jogo do eu*: a mudança de si em uma sociedade global. São Leopoldo: Unisinos, 2004.

MIDDLETON, D.; BROWN, S. D. A psicologia social da experiência: a relevância da memória. *Pro-Proposições*, v. 17, n. 2 (50), maio/ago. 2006.

PASSEGGI, M. da C. Memoriais: injunção institucional e sedução autobiográfica. In: PASSEGGI, M. da C.; SOUZA, Elizeu C. de *(Auto) biografia:* formação, territórios e saberes. Natal, RN: EDUFRN; São Paulo: Paulus, 2008. (Coleção Pesquisa (Auto)Biográfica-Educação).

_____.; SOUZA, E. C.; DELORY-MOMBERGER, C. (Orgs.) *Coleção Pesquisa (Auto)Biografica – Educação*. Natal, RN: EDUFRN; São Paulo: Paulus, 2008.

PATTO, M. H. S. *A produção do fracasso escolar*. São Paulo: T. A. Queiroz, 1990.

ROSA, A.; BELLELLI, G.; BARKHURST, D. (Orgs.). *Memoria colectiva e identidades sociales*. Madrid: Biblioteca Nueva, 2000.

REGO, T. C. *Memórias de escola*: cultura escolar e a constituição de singularidades. São Paulo: Editora Vozes, 2003.

REGO, T. C.; AQUINO, J. G.; OLIVEIRA, M. K. Narrativas autobiográficas e constituição de subjetividades. In: SOUZA, E. C. (Org.). *Autobiografias, histórias de vida e formação*: pesquisa e ensino. Porto Alegre: EDIPUCRS/EDUNEB, 2006.

RICOEUR, P. *Tempo e narrativa*. São Paulo: Papirus, 1995. Tomo II.

ROSSETTI-FERREIRA, M. C. et al. (Orgs.). *Redes de significação e o estudo do desenvolvimento humano*. Porto Alegre: Artmed, 2004.

SALGADO, J. *Psicologia narrativa e identidade*: um estudo sobre autoengano. Maia, Portugal: Publismai, 2003.

SARLO, B. *Tempo passado*: cultura da memória e guinada subjetiva. São Paulo: Companhia das Letras, 2007.

SINGER, J. A. Narrative identity and meaning making across the adult lifespan: an introduction. *Journal of Personality*, v. 72, n. 3, june 2004.

SMOLKA, A. L. B. Sobre significação e sentido: uma contribuição à proposta da rede de significações. In: ROSSETTI-FERREIRA et al. *Rede de significações e o estudo do desenvolvimento humano*. Porto Alegre: Artes Médicas, 2004.

VALSINER, J.; ROSA, A. (Orgs.). *The Cambridge handbook of sociocultural psychology*. Cambridge: Cambridge University Press, 2007.

VYGOTSKY, L. S. *A formação social da mente*. São Paulo: Martins Fontes, 1984.

_____. *Obras escogidas*. Madrid: Visor e MEC, 1993. Tomo II.

_____. *Teoria e método em psicologia*. São Paulo: Martins Fontes, 1996, cap. 1 (texto de 1926).

WERTSCH, J. V. *Voices of collective remembering*. Cambrigde, USA: 2002.

Memórias de Alfabetizadoras no ensino rural

Helenise Sangoi Antunes

Introdução

A escola produz, nas histórias de vida das alfabetizadoras, significados sobre o processo de construção da leitura e da escrita, bem como lembranças da maneira como as primeiras professoras ensinaram a ler e a escrever, das relações estabelecidas entre professor(a) e aluno(a) e também da relação do eu com o outro. São memórias que atravessam o tempo e acompanham o fazer docente, possibilitando ao professor refletir sobre elas.

Este estudo foi elaborado com o objetivo de conhecer as lembranças escolares das alfabetizadoras das escolas do campo (rurais) sobre as cartilhas utilizadas para a alfabetização. Esta pesquisa fundamenta-se nos estudos sobre a história da alfabetização de Frade (2007), Frade; Maciel (2006), Mortatti (2000, 2000ª, 2006), Peres (2007), Peres, Tambara (2003) e Trindade (2007), que estão contribuindo para as reflexões propostas nesta investigação. Este estudo está fundamentado numa metodologia qualitativa baseada nos estudos realizados por Bogdan e Biklen (1994) e foi realizado por meio de entrevistas semiestruturadas, relatos autobiográficos e registros em diário de campo com treze alfabetizadoras das escolas do campo (rurais) do interior do Rio Grande do Sul. Das professoras participantes da pesquisa, dez (10) possuem curso de pós-graduação, principalmente especialização em alfabetização, e seu tempo de exercício profissional, enquanto alfabetizadoras das escolas do campo (rurais), está compreendido entre vinte e dois (22) e vinte e seis (26) anos de exercício profissional.

Buscou-se estabelecer um diálogo com os participantes da pesquisa, penetrando na dimensão simbólica de suas falas e escritas autobiográficas. Nesse processo, o sujeito configura-se como um ser humano convidado a abrir, simbolicamente, os baús das suas histórias de vida sobre as memórias de como aprendeu a ler e a escrever e, após tornar-se professor, sobre como alfabetizou os seus alunos. Mas para que abrir esses baús? A busca não é só desta pesquisadora, é um processo coletivo que vai sendo desenvolvido conforme o tempo e o espaço permitem. Não existem imposições, existe respeito. Não existe pressa, apenas movimento, e assim, gradativamente, foi-se aproximando de uma parte da história da alfabetização que se encontrava presente nas recordações das alfabetizadoras de 13 (treze) escolas do campo (rurais), no interior do Rio Grande do Sul.

Na busca de ouvir as professoras alfabetizadoras, observa-se a presença constante de histórias relacionadas às lembranças da alfabetização, das cartilhas, dos processos de formação e da prática docente na alfabetização. Trata-se de memórias de um passado não tão distante, que, por isso mesmo, possuem a intensidade, o movimento, a emoção, a sutileza e a relação espaço/tempo reconstruídos no momento de cada lembrança escrita e/ou oralizada.

Memória docente e a metodologia da investigação

Os estudos com foco nos professores têm contribuído para melhor contextualizar o cenário da educação no país. Cunha afirma que é importante estudar o professor porque ele "como ser contextualizado nos parece da maior importância. É o reconhecimento do seu papel e o conhecimento de sua realidade que poderão favorecer a intervenção no seu desempenho" (1999, p. 28).

Por influência dos estudos desenvolvidos a partir dos anos 70 e 80, com o emprego do método da história oral, é crescente hoje, no Brasil, o número de pesquisas versando sobre a formação e a carreira docente, rastreadas através das histórias de vida dos professores.

Poirier et al. (1995) mostram que os estudos envolvendo as histórias das ideias e a sociologia do conhecimento apresentam uso significativo de histórias de vida, configurando-se estas como metodologia muito recorrente a partir de meados do século XX. Mas o que determina a utilização da evidência oral neste estudo? Ela representa a possibilidade de se conseguir uma maior aproximação com os sujeitos da investigação, conhecê-los com maior profundidade e dar voz aos professores alfabetizadores das escolas do campo (rurais) que, na maioria das vezes, permanecem ignorados pelo poder instituído.

O depoimento oral, segundo Thompson (1992), viabiliza transformar os objetos em sujeitos, contribuindo para compor uma história mais rica, mais envolvente, mas também mais verdadeira, porque a evidência oral consegue adentrar na vida do sujeito investigado, não o considerando como sendo um objeto estático, imóvel, sem vida e sem história.

É importante mencionar os estudos realizados sobre a formação de professores a partir da história oral, como os de Nóvoa (1992), autor que, em suas pesquisas, avança no sentido de considerar o professor também como pessoa, abrindo a possibilidade de desenvolver investigações buscando a relação entre as histórias de vida profissional e pessoal. Dentre essas pesquisas, destacam-se as desenvolvidas por Bem-Peretz (1992), que concentra seus estudos na dimensão pessoal e profissional do professor ao longo de suas trajetórias; por Holly (1992), que recupera diários biográficos de professores como instrumentos de investigação da prática educativa, bem como por Cavaco (1991), que também analisa o que significa tornar-se e ser professor através de um estudo biográfico, ao longo do percurso profissional; e também por Mignot (2000), que se utiliza do arquivo como uma forma de examinar os espaços de atuação de mulheres professoras que transitaram do universo privado para a cena pública.

Fonseca (1997, p. 36) aponta três tendências recorrentes nas pesquisas atuais: "a história oral temática, a tradição oral e a história oral de vida". A primeira privilegia a coleta de depoimentos e entrevistas que esclarecem determinadas temáticas, destacando os estudos de Thompson (1992), que afirma ser a história oral construída por pessoas e em torno delas. A segunda refere-se aos estudos de tradição oral, que por muitos é confundida com história oral. Entretanto, alguns autores apontam uma diferença entre ambas. A tradição oral preocupa-se com as histórias de vida do coletivo, produzidas por um grupo de sujeitos, exemplificadas pelos ritos, mitos, valores e tradições. Conforme aponta Fonseca, "isto exige do pesquisador uma participação, uma observação da vida do grupo que extrapola os limites das habituais entrevistas" (1997, p. 39). A terceira tendência, configurada pela história oral de vida, diferentemente da anterior, caracteriza-se como uma forma de esclarecer os problemas do passado, ou como um recurso para preenchimento de lacunas históricas deixadas por documentos escritos, destacando-se os estudos pioneiros de Bosi (1999).

Fonseca (1997, p. 29) aponta para os estudos a respeito das temáticas acima mencionadas no Brasil, destacando o trabalho pioneiro intitulado "Velhos mestres das novas escolas: um estudo das memórias de professores na 1ª República em São Paulo", por Zélia Demartini, Sueli Tenca e Álvaro Tenca.

Trabalhar com a possibilidade de aproximação das histórias de vida de professores torna-se um desafio que necessita de aprofundamento e de critérios para que não se banalizem e se propaguem estereótipos sobre a escolha profissional, carreira docente e prática pedagógica. É preciso um rigor metodológico adequado à complexidade de conhecer a história de vida de um ser humano, no caso, o professor alfabetizador.

Os estudos desenvolvidos por Queiroz (1988), Holly (1992), Bem-Peretz (1992), Thompson (1992), Nóvoa (1992), Goodson

(1992), Poirier et al. (1995), Le Goff (1996), Fonseca (1997), Catani (1998), Bergson (1999), Bosi (1999), Cunha (2000), Abrahão (2004) e Catani; Vicentini (2004) apontam para a possibilidade de que a memória docente deva ser entendida como um pressuposto significativo para se compreender que o eu profissional não se desarticula do eu pessoal e que a maneira como o professor desenvolve o processo de ensino-aprendizagem está influenciada pelas lembranças da sua formação.

Quem de nós esqueceu a sua primeira professora alfabetizadora? A memória da escola, das professoras alfabetizadoras, das cartilhas utilizadas são aspectos significativos no processo contínuo de tornar-se professor alfabetizador. São estes aspectos que, a partir do conhecimento das histórias de vida, irão auxiliar no reconhecimento das metodologias utilizadas para alfabetizar as crianças oriundas das escolas do campo (rurais).

Acredita-se que a espontaneidade, a criatividade, a curiosidade e a pesquisa, aliadas à prática docente, são contribuições fundamentais para a aquisição da competência profissional. Por isso, a prática docente não deve ficar restrita a cópias de modelos. A memória existe para que as pessoas não esqueçam que possuem uma história, um compromisso e uma responsabilidade de usarem a imaginação e a capacidade de criação, a fim de pensar novas formas de alfabetizar, letrando seus alunos, conforme aponta Soares (1998).

Acredita-se que o processo de formação de alfabetizadores não se constitui como algo padronizado e dependente de vocação. Muito pelo contrário, os processos de formação são aqui percebidos como criativos, diversificados, diferenciados, dinâmicos e contagiantes, supondo a não existência de modelos prévios que possam garantir a modelização de um professor e uma prática docente ideal.

Parte-se da ideia de que a criatividade na elaboração de uma metodologia de pesquisa significa avançar na compreensão do conhecimento, buscando-se alternativas para interpretar a complexa realidade que se pretende investigar. Segundo Deslandes, "a metodologia não só contempla a fase de exploração de campo (escolha do espaço da pesquisa, escolha do grupo de pesquisa, estabelecimento dos critérios e amostragem e construção de estratégias para a entrada de campo) como a definição de instrumentos e procedimentos para a análise dos dados" (1994, p. 43).

A metodologia, portanto, vai além de definir os métodos a serem utilizados pelo pesquisador. Ela torna-se um ponto estrutural no trabalho de investigação científica, porque aponta condições para o pesquisador guiar-se durante a sua investigação. Desta forma, os procedimentos metodológicos escolhidos caracterizam uma abordagem qualitativa, que apresenta, segundo Bogdan e Biklen (1994), os seguintes elementos:

(i) "Inexistência de preocupação em quantificar os resultados devido à inexistência de preocupação premente de recolher dados com o objetivo de confirmar hipóteses construídas previamente". Neste caso, as informações colhidas durante a pesquisa não são apresentadas como provas ou testemunhos para confirmar ou não um resultado esperado. Os resultados serão percebidos como uma decorrência da investigação.

(ii) "Interação do pesquisador com os sujeitos da pesquisa", que foi vital para que fosse possível conquistar a confiança dos participantes da pesquisa, oportunizando seu envolvimento e sua interação durante a realização da investigação. Esse processo de respeito mútuo permitiu ao pesquisador conhecer em profundidade o contexto em que estamos inseridos.

(iii) "Ênfase no processo de construção da investigação e no seu desenvolvimento", que se justifica pela necessidade de que esses aspectos sejam fundamentos para uma pesquisa de cunho qualitativo, pois não há preocupação em procurar resultados somente para quantificá-los; mas, sim, em conhecer o processo para chegar até eles, construindo uma análise profunda e criteriosa que sirva de incentivo para o desdobramento de pesquisas futuras.

A consideração de que "[...] o significado é de importância vital na abordagem qualitativa", segundo Bogdan e Biklen (1994, p. 50), levou à utilização de variados recursos metodológicos para poder alcançar os objetivos propostos. Desta forma, é preciso conhecer a história dos métodos de alfabetização, procurando-se uma aproximação das significações construídas ao longo da carreira docente para ir além do que é visto, sancionado e legitimado na escola do campo. Neste sentido, buscou-se a utilização dos relatos autobiográficos das 13 (treze) professoras alfabetizadoras das escolas rurais, vinculadas às escolas municipais no interior do Estado do Rio Grande do Sul.

A escrita e o espaço de reflexão das autobiografias profissionais viabilizaram aos sujeitos refletir sobre suas trajetórias pessoais e profissionais do passado por meio das experiências construídas. Segundo Bosi, "na maior parte das vezes, lembrar não é reviver, mas repensar, com imagens e ideias de hoje, as experiências do passado. A memória não é sonho, é trabalho. [...] A lembrança é uma imagem construída pelos materiais que estão, agora, à nossa disposição, no conjunto de representações que povoam nossa consciência atual" (1999, p. 55).

A contribuição de Bosi (1999) reitera a importância da utilização dos relatos autobiográficos para permitir às alfabetizadoras relacionarem o cotidiano escolar com as lembranças da alfabetização, das cartilhas, do processo de formação e da prática docente na alfabetização. Ao instaurar processos de reflexão, o ser humano passa a repensar e modificar as ações anteriormente adotadas, criando espaços para novas práticas docentes. Bosi apresenta uma contribuição significativa neste aspecto:

> É o momento de desempenhar a alta função da lembrança. Não porque as sensações se enfraquecem, mas porque o interesse se desloca, as reflexões seguem outra linha e se dobram sobre a quintessência do vivido. Cresce a nitidez e o número de imagens de outrora, e esta faculdade de relembrar exige um espírito desperto, a capacidade de não confundir a vida atual com a que passou, de reconhecer as lembranças e opô-las às imagens de agora. (1999, p. 81).

Escrever e falar sobre as histórias de vida adquiridas ao longo da carreira docente como alfabetizadoras nas escolas do campo (rurais) viabiliza aos sujeitos não só buscarem reconhecer imagens instituídas em relação à sua vida e profissão, como, através das relações estabelecidas com as experiências de hoje, produzir e recriar essas significações, ao invés de ficar presos ao passado, desacreditando paulatinamente na sua capacidade de criação.

As autobiografias são consideradas como uma forma de oportunizar a reflexão-ação-reflexão sobre elementos significativos do tornar-se professor alfabetizador, das práticas pedagógicas que deram certo, das metodologias em sala de aula que não alcançaram os objetivos propostos no processo de construção da leitura e da escrita, da postura adotada em sala de aula com os alunos, da interação professor-aluno e professor-aluno-comunidade. Para embasar esta investigação, buscou-se a definição de autobiografia proposta por Queiroz:

> Narrar a sua própria existência consiste numa autobiografia, e toda a história de vida poderia, a rigor, ser enquadrada nesta categoria tomada em sentido lato. Mas no sentido restrito a autobiografia existe sem nenhum pesquisador, e é essa a sua forma específica. [...] Na autobiografia não existe, ou se reduz ao mínimo, a intermediação de um pesquisador, o narrador dirige-se ao público, e a única intermediação está no registro escrito, que se destine ou não o texto à publicação. (1988, p. 23).

As autobiografias são também percebidas como uma possibilidade de aproximação da memória docente, entendida como um elemento significativo do processo de reflexão do alfabetizador. Conforme aponta Catani, "[...] pensa-se que as próprias práticas profissionais dos indivíduos enquanto docentes devem muito aos processos formadores que eles próprios experimentaram ao longo do seu desenvolvimento" (1998, p. 29).

Outro procedimento de aproximação aos sujeitos foi a entrevista semiestruturada, entendida, segundo Deslandes (1994), como aquela que articula a entrevista aberta, ou seja, a que permite ao informante falar livremente sobre o tema proposto.

Bogdan e Bicklen (1994) apontam os méritos das entrevistas quando afirmam que "as boas entrevistas produzem uma riqueza de dados, recheados de palavras que revelam as perspectivas dos respondentes. As transcrições estão repletas de detalhes e exemplos".

As entrevistas com os professores da escola foram realizadas por meio do contato estabelecido com a Secretaria Municipal de Educação, que oportunizou a participação do grupo de pesquisadoras nas reuniões que fazia com as alfabetizadoras do campo (rural). Nessa oportunidade, foi apresentado o projeto e foi feito o convite para todos os presentes participarem desta pesquisa. A partir deste contato, a pesquisa foi realizada com as professoras que se sentiram motivadas a participar.

Assim, a equipe do projeto, a partir do interesse demonstrado pelas alfabetizadoras, começou a adentrar no universo sociocultural das escolas municipais denominadas E. M. E. F. Santa Flora, E. M. E. F. Pedro Kunz, E. M. E. F. Major Tancredo Penna de Moraes, E. M. E. F. José Paim de Oliveira, E. M. E. F. João Hundertmarck, E. M. E. F. Intendente Manoel Ribas, E. M. E. F. Bernardino Fernandes, E. M. E. F. João da Maia Braga e E. M. E. F. Irineo Antolini.

Os momentos vivenciados durante esta pesquisa foram sistematizados nos registros do diário de campo dos pesquisadores envolvidos. A inclusão das informações registradas ao longo da pesquisa, através destes diários, fundamenta-se na contribuição teórica de Holly (1992), para quem tais registros escritos demonstraram elementos importantes para a realização da investigação.

A partir das informações coletadas com os instrumentos de investigação – relatos autobiográficos, entrevistas e registros em diário de campo – foram construídas as categorias de análise desta investigação, que se constituem em lembranças da alfabetização, das cartilhas, dos processos de formação e da prática docente na alfabetização.

As categorias acima mencionadas oportunizaram conhecer quais as cartilhas utilizadas nas escolas do campo (rurais) e a sua relação com o processo de construção da leitura e escrita vivenciado por estas alfabetizadoras, durante suas infâncias e contato com a leitura e a escrita. Também, num sentido mais amplo, permitem a aproximação dos significados construídos em relação à profissão de professora alfabetizadora imersa em escolas do campo (rurais).

Memórias de alfabetizadoras sobre as cartilhas utilizadas para a alfabetização nas escolas do campo (rurais)

Em função de um longo processo histórico em que as professoras alfabetizadoras sempre ouviram falar sobre si mesmas e muito pouco sobre o poder instituído que as modelou, poucas vezes elas voltam a refletir sobre seu fazer docente. Situação muito semelhante é vivida por futuros professores durante seus processos de formação profissional.

Buscando-se instituir um novo sentido a essa realidade, estabeleceu-se um diálogo com os participantes da pesquisa no intuito de construir uma aproximação das suas histórias de vida. Nesse processo, as colaboradoras configuram-se como seres humanos convidados a recordar suas lembranças de alfabetização, lembranças das cartilhas, dos processos de formação vivenciados e da prática docente na alfabetização.

Embasando-se nos estudos realizados pelo Centro de Estudos e Investigações em História da Educação (CEIHE), na Faculdade de Educação da Universidade Federal de Pelotas, pelo Centro de Documentação do Centro de Alfabetização, Leitura e Escrita (CEALE), na Faculdade de Educação da Universidade de Minas Gerais e pelo Projeto "Memória da Cartilha", na Faculdade de Educação da Universidade Federal do Rio Grande do Sul, pode-se observar a importância dos registros obtidos e sistematizados ao longo da existência destes Centros e do já referido projeto, principalmente para construir a história da alfabetização, destacando-se os estudos sobre as cartilhas existentes ao longo da história.

Em relação aos métodos de alfabetização, as alfabetizadoras relataram que os utilizam de acordo com o domínio teórico-metodológico que possuem, destacando-se o método misto (sintético e analítico). Em relação a essa categoria, segue abaixo um dos relatos autobiográficos:

> Eu utilizo o método misto para alfabetizar, pois as crianças ao longo de meu exercício profissional aprendem melhor. Procuro utilizar as cartilhas para alfabetizar que possuem este método. Por que o escolhi? Porque foi assim que eu aprendi a ler e a escrever. Eu ensino da maneira como eu aprendi a ler e escrever. (Relato autobiográfico escrito de M. G., alfabetizadora, 22 anos de exercício profissional).

O relato de M. G. ilustra uma experiência em relação ao processo de leitura e escrita a qual se reproduz na cartilha utilizada junto aos seus alunos. Observa-se que as lembranças positivas da escola marcaram as recordações dessa colaboradora, constituindo-se em aspectos que poderão contribuir para que o exercício do magistério se torne um espaço de realização profissional, conforme a professora em questão aponta na continuidade do seu relato autobiográfico:

> Eu gostaria de dizer que gosto de ser alfabetizadora em uma escola do campo (rural). Sinto que eu sou útil e muito amada pelos meus alunos. Onde vou arrumar tanto amor e respeito para a figura do professor? Eu gosto dos meus alunos e de ensiná-los. Eles querem aprender e eu estou também disposta a ensiná-los. A realidade do campo é dura e desgastante. Tem alunos que caminham duas horas para chegar à escola, pois a escola fica muito distante de onde eles moram. Mas não desistem: trazem histórias de que eu procuro me utilizar para ensi-

ná-los em sala de aula. (Relato autobiográfico escrito da M. G., alfabetizadora, 24 anos de exercício profissional).

A realização profissional, segundo Cunha (1999), passa também por melhores condições de trabalho, valorização profissional e pelo desejo de exercer a profissão. Considerando-se o relato acima, isso é visível principalmente quando a professora destaca o prazer de estar próxima dos alunos e sua preocupação com a distância que eles percorrem a pé para poderem estar na escola e participar dela.

Os estudos propostos por Mortatti (2000) apontam para o fato de que muitas cartilhas foram produzidas por professores paulistas e que elas podem ser encontradas nas escolas municipais do interior do Rio Grande do Sul, conforme os estudos de Peres e Tambara (2003), Trindade (2004) e Frade e Maciel (2006).

Os estudos já referidos enfatizam a necessidade de se conhecer um pouco mais sobre a história da alfabetização a partir dos estudos sobre as cartilhas. No caso desta pesquisa, foi possível conhecer as que são utilizadas nas escolas municipais do campo (rurais) do interior do Rio Grande do Sul. Desta forma, quanto às cartilhas utilizadas, encontramos nas respostas de 10 professoras, entre as 13 entrevistadas, que utilizam ou utilizaram cartilhas como recurso para alfabetização. Uma professora não trabalha mais com alfabetização, uma diz que não utilizou e outra não soube responder. As cartilhas citadas por elas foram *Caminho Suave*, *Cartilha Quero-Quero* (elaborada especificamente para a zona rural de Santa Maria), *Cartilha João-de-Barro*, *Coleção Marcha Criança*, *Porta Aberta*, *Pipoca*, *Método Lúdico de Alfabetização*, *Toca do Tatu*, *Alegria do Saber*.

Urge a necessidade de continuar e aprofundar este estudo, pois a força das experiências vivenciadas durante anos de escolarização por estas alfabetizadoras nas escolas do campo (rurais) passa ainda despercebida, na maioria das vezes, nos cursos de formação de professores, nas esferas do poder instituído. Contudo, as lembranças, as imagens e as atitudes que as professores efetivaram ao longo da escolarização são pontos que devem ser levados em conta quando se propõem os cursos de formação inicial e continuada para professores alfabetizadores.

Questões como estas devem ser formuladas e analisadas: É possível ainda alfabetizar com cartilhas nas escolas do campo (rurais) que utilizam o método misto? Cartilhas com o método fônico, alfabético e/ou silábico atendem às exigências das escolas do campo no interior do Rio Grande do Sul? Por que alfabetizadores, como alguns identificados nesta pesquisa, mesmo tendo curso de especialização em alfabetização, utilizam as cartilhas para alfabetizar? E como estes educadores utilizam as cartilhas? São algumas das questões que se levantam com o intuito de se poder pensar sobre a situação da alfabetização neste país, principalmente pela urgência da sociedade começar a cobrar uma política mais coerente, mais recursos e ações concretas para atender às demandas do ensino rural, conforme as inquietações de Caldart (2000), Amiguinho (2008) e Canário (2008).

Uma primeira percepção do trabalho desenvolvido junto aos professores alfabetizadores das escolas do campo (rurais) destaca que, quando as alfabetizadoras sentem a necessidade de fazer pedidos de cartilhas ao Ministério da Educação, há muita demora na entrega e, quando as cartilhas são remetidas, após várias solicitações, já estão ultrapassadas ou não atendem às exigências da realidade à qual se destinam. Mas cabe perguntar: Por que este apego às cartilhas? Que formação as professoras receberam que as torna alfabetizadoras tão atreladas às cartilhas? É possível trabalhar a partir do contexto sociocultural das crianças utilizando a cartilha para alfabetizar?

Garcia (2008) aponta elementos importantes para esta análise quando alerta para a inexistência de uma formação articulada e coerente entre a teoria e prática e aponta o descaso dos poderes instituídos e a inércia da sociedade brasileira com relação à escola básica. Esses elementos podem ser percebidos quando se lança o olhar para os estudos de Frade e Maciel (2006) sobre a História da Alfabetização, em relação à produção e circulacão de livros entre Minas Gerais, Rio Grande do Sul e Mato Grosso.

É possível, também, na análise das informações coletadas por meio das entrevistas e relatos autobiográficos, verificar a influência das lembranças da forma como estas professoras foram alfabetizadas na maneira como elas ensinam. Desse modo, a escrita e o espaço de reflexão das autobiografias profissionais viabilizaram aos sujeitos refletir sobre suas trajetórias pessoais e profissionais do passado mediante as experiências construídas no momento atual.

A lembrança da primeira professora, para uma alfabetizadora, faz com que muitos elementos significativos do processo de ser e tornar-se professor sejam recordados e refletidos, conforme pode ser percebido em outro relato autobiográfico transcrito a seguir:

> Da minha primeira professora, lembro que ela utilizava a *Cartilha Caminho Suave*. Se deu certo para eu poder aprender a ler e a escrever, por que não posso utilizar com meus alunos? É o que eu faço, tenho um exemplar bem velho, muito usado, mais é com este que eu ensino os meus alunos a ler e a escrever. Pena que eles não têm na classe uma cartilha para cada um acompanhar o que estou ensinando. (Relato autobiográfico escrito de F., alfabetizadora, 23 anos de exercício profissional).

Ao recordar sobre a sua primeira professora, F. destaca o carinho que ela dedicava aos alunos e, principalmente, sua preocupação com a aprendizagem deles. Mas seu olhar também se dirige à metodologia adotada por ela, que utilizava a Cartilha Caminho Suave. Ao refletir sobre esse aspecto no seu relato autobiográfico, F. afirma que continua utilizando a mesma cartilha usada por sua alfabetizadora para ensinar os seus alunos. Nesse contexto, a contribuição teórica de Marcelo (1998) aponta para a necessidade de se repensar o conhecimento dos professores sobre o aprender a ensinar, aspecto que ainda precisa ser amplamente estudado e investigado, principalmente pela tendência de ensinarmos conforme aprendemos.

Quanto à formação acadêmica, F. coloca o que segue:

> Eu possuo graduação em Pedagogia e estou terminando a pós-graduação em alfabetização. Agora pergunto a você: Em nenhum destes momentos aprendi sobre os métodos de alfabetização. Por que não ensinam sobre eles na Universidade? O que há de errado nisso? (Transcrição da entrevista de F., alfabetizadora, 26 anos de exercício profissional).

O depoimento de F. aponta para outra questão levantada na pesquisa, que inclui professoras alfabetizadoras com formação que inclui o magistério, a graduação em Pedagogia, Educação Especial e Educação Artística, sendo que 10 professoras possuem pós-graduação em alfabetização. Por que não trabalhar a dialogicidade entre os métodos? Por que não divulgar este conhecimento? Como estas alfabetizadoras vão ter domínio para alfabetizar? As questões são muitas, têm tom de denúncia e de preocupação e devem ser aliadas a uma atitude investigativa do cotidiano do professor alfabetizador em sala de aula, oportunizando espaços que irão permitir a formação de professores capazes de compreender o significado da sua profissão, de refletir sobre sua ação pedagógica e de relacionar os preceitos teóricos, recebidos nos cursos de formação, com a ação docente, desenvolvida na sala de aula. Logo, essa percepção sugere principalmente que os professores devem estar preparados para criar e construir alternativas metodológicas que tornem os processos de ensinar e de aprender expressões mais intensas de desejo e de reconstrução contínua.

A atitude investigativa, como princípio fundamental na formação inicial de professores alfabetizadores, justifica-se por criar as condições necessárias para instaurar trajetórias formativas que irão estimular o professor a buscar a continuidade desse processo, mesmo após estar atuando como docente.

Considera-se um caminho possível criar situações para que os professores alfabetizadores reflitam sobre os conteúdos culturais que são trabalhados na escola, sobre as políticas públicas construídas para a formação de professores e sobre os seus espaços de interação entre as dimensões pessoais e profissionais, permitindo-lhes se apropriarem, através da memória educativa, de novas significações em relação às suas histórias de vida e sua prática docente.

Nesse contexto, insere-se a contribuição do seguinte relato autobiográfico em relação à prática docente:

> A prática docente de uma alfabetizadora imersa dentro de uma escola do campo pode ser diferente. Eu não uso as cartilhas que as colegas mencionaram. Trabalho com os elementos desta realidade, inclusive tive que aprender a treinar o ouvido para poder ouvir o canto do Sabiá, os olhos para poder enxergar a beleza da casa do João de Barro e ter energia suficiente para sentir a vida que estas crianças trazem dentro de si. Não é preciso cartilhas: é preciso usar a sensibilidade para perceber a beleza e o amor que pulsa neste verde... Aprendi a conhecer e respeitar a cultura destes pagos... (Entrevista da professora alfabetizadora A., 26 anos de exercício profissional).

A formação de professores deve levar em consideração as histórias de vida dos seres humanos que fazem parte de diversificados cenários educacionais. Não se pode considerá-la somente como um processo linear de acumulação de conhecimentos, mas também, como afirma Nóvoa (1992), como um processo de reflexão que o professor faz em relação à sua própria ação e sobre a reconstrução permanente dos processos identitários. Isso significa dizer que os processos de formação estão relacionados e são produzidos através da trajetória de vida e dos percursos educativos de cada professor no decorrer da sua carreira docente.

Nesse sentido, cabe destacar que a prática docente desenvolvida na sala de aula é resultante não só dos conhecimentos adquiridos através do ingresso na licenciatura, mas também da trajetória de vida e do saber da experiência. É por isso que se acredita ser a prática docente desenvolvida no Ensino Fundamental um lugar de produção de conhecimento e de produção de saberes. Logo, é necessário instaurar espaços no cotidiano escolar que compreendam o sujeito numa perspectiva global, assumindo a formação como um processo interativo e dinâmico.

Não é possível esquecer que a organização do cotidiano escolar acaba, na maioria das vezes, impedindo a troca de saberes construídos pelo exercício profissional, além de não incentivar o professor a investir nas experiências significativas dos seus percursos de formação e na sua reflexão teórico-prática sobre elas. Logo, é importante estabelecer esses processos de produção de saberes para que os professores alfabetizadores possam produzir novos saberes em relação aos processos de construção da leitura e da escrita.

Referências Bibliográficas

ABRAHÃO, Maria Helena Menna Barreto. Pesquisa (auto)biográfica: tempo, memória e narrativas. In:______. (Org.). *A aventura (auto) biográfica*: teoria e empiria. Porto Alegre: EDIPUCRS, 2004. p. 267-291.

AMIGUINHO, Abílio. Escola em meio rural: uma escola portadora de futuro? *Revista do Centro de Educação. Dossiê: Educação no campo*, v. 331, n. 1, p. 13-34, 2008.

BEM-PERETZ, Miriam. Episódios do passado evocados por professores aposentados. In: NÓVOA, Antônio (Org.). *Vidas de professores.* 2. ed. Porto: Porto, 1992. p. 199-213.

BERGSON, Henri. *Matéria e memória*: ensaio sobre a relação do corpo com o espírito. Tradução Paulo Neres. 2. ed. São Paulo: Martins Fontes, 1999.

BOGDAN, Robert C; BIKLEN, Sari Knopp. *Investigação qualitativa em educação*: uma introdução à teoria e aos métodos. 4. ed. Porto: Porto, 1994.

BOSI, Éclea. *Memória e sociedade:* lembranças de velhos. 7. ed. São Paulo: Companhia das Letras, 1999.

CANÁRIO. Rui. Escola Rural: de objecto social a objecto de estudo. *Revista do Centro de Educação. Dossiê: Educação no Campo.* v. 33, n. 1, p. 35-46, 2008.

CALDART, Roseli Salete. *A escola do campo em movimento.* Porto Alegre: 2000.

CATANI, Denice Barbara. Práticas de formação e ofício docente. In: BUENO, Belmira Oliveira; CATANI, Denice Bárbara; SOUZA, Cyntia Pereira de (Org.). *A vida e o ofício dos professores:* formação contínua, autobiografia e pesquisa em colaboração. São Paulo: Escrituras, 1998. p. 21-29.

CATANI, Denice Barbara; VICENTINI, Paula Perin. Lugares sociais e inserção profissional: o magistério como modo de vida nas autobiografias de professores. In: ABRAHÃO, Maria Helena Menna (Org.). *A aventura (auto)biográfica*: teoria e empiria. Porto Alegre: EDIPUCRS, 2004. p. 267-291.

CAVACO, M. Ofício do professor: o tempo e as mudanças. In: NÓVOA. António (Org.). *Profissão professor.* Porto: Porto, 1991. p. 155-191.

CUNHA, Maria Isabel da. *O bom professor e sua prática.* 9. ed. São Paulo: Papirus, 1999.

DESLANDES, Sueli Ferreira. *Pesquisa Social:* teoria, método e criatividade. Petrópolis: Vozes, 1994.

FONSECA, Selva Guimarães. *Ser professor no Brasil:* história oral de vida. Campinas: Papirus, 1997.

FRADE, Isabel Cristina Alves da Silva e MACIEL, Francisca Izabel Pereira. (Org.) *História da alfabetização:* produção, difusão e circulação de livros (MG/RS/MT – Séc. XIX e XX). Belo Horizonte: UFMG/FaE, 2006.

FRADE, Isabel Cristina Alves da Silva. Métodos de Alfabetização, métodos de ensino e conteúdos da alfabetização: perspectivas históricas e desafios atuais. *Revista do Centro de Educação. Dossiê: Alfabetização e Letramento.* v. 32, n. 1, p. 21-40, 2007.

GOODSON, Ivor. Dar voz ao professor: as histórias de vida dos professores e o seu desenvolvimento pessoal. In: NÓVOA, António (Org.). *Vidas de professores.* 2. ed. Porto: Porto, 1992. p. 63-78.

GARCIA, Regina Leite. Mais uma vez alfabetização. In: TRAVERSINI, Clarice (Org.). *Trajetórias e processos de ensinar e aprender:* práticas e didáticas. Porto Alegre: EDIPUCRS, 2008.

GUEDES-PINTO, Ana Lúcia. *Rememorando trajetórias da professora alfabetizadora:* a leitura como prática constitutiva de sua identidade e formação profissionais. Campinas, SP: Fapesp, 2002.

HOLLY, Mary Louise. Investigando a vida profissional dos professores: diários biográficos. In: NÓVOA, António (Org.). *Vidas de professores.* Porto: Porto, 1992. p. 79-110.

LE GOFF, Jacques et al. *História e memória.* 4. ed. Campinas: Editora UNICAMP, 1996.

MARCELO, Carlos. Pesquisa sobre formação de professores: o conhecimento sobre aprender a ensinar. *Revista Brasileira de Educação.* São Paulo: ANPED – Associação Nacional de Pós-Graduação e Pesquisa em Educação, n. 9, p. 51-75, set./out./nov./dez. 1998.

MIGNOT, Ana Chrytina Venancio. Editando o legado pioneiro: o arquivo de uma educadora. In: MIGNOT, Ana Chrytina Venancio; BASTOS, Maria Helena Camara. CUNHA, Maria Teresa Santos. (Orgs.). *Refúgios do eu*: educação, história e escrita autobiográfica. Florianópolis: Mulheres, 2000. p. 123-144.

MORTATTI, Maria do Rosário Longo. *Os sentidos da alfabetização.* São Paulo: Editora UNESP, 2000.

_____. Cartilhas de alfabetização e cultura escolar: um pacto secular. Campinas: *Cadernos Cedes*, ano XX, n. 52, 2000ª.

_____. *História dos métodos de alfabetização no Brasil.* In: Conferência promovida no Seminário de Alfabetização e Letramento em Debate. Brasília, 2006.

NÓVOA, Antonio. Formação de professores e profissão docente. In:_____ (Org.). *Os professores e a profissão.* Lisboa: Dom Quixote, 1992. p. 15-33.

PERES, Eliane. (Org.). *Memórias de alfabetização.* Pelotas: Seiva, 2007.

PERES, Eliane; TAMBARA, Elomar. (Orgs.). *Livros escolares e ensino da lectura e da escrita no Brasil (Séculos XIX e XX).* Pelotas: Seiva, 2003.

POIRIER, Jean; CLAPIER-VALLADON, Simone; RAYBAUT, Paul. *Histórias de vida:* teoria e prática. Paris: Celta, 1995.

QUEIROZ, Maria Isaura Pereira de. Relatos orais: do "indizível" ao "dizível". In: SIMSON, Olga R. de Moraes. (Org.). *Experimentos com histórias de vida.* São Paulo: Vértice, 1988.

SOARES, Magda Becker. *Letramento*: um tema em três gêneros. Belo Horizonte: Autêntica.1998.

THOMPSON, Paul. *A voz do passado:* história oral. Rio de Janeiro: Paz e Terra, 1992.

TRINDADE, I. M. F. *A invenção de uma nova ordem para as cartilhas:* ser natural, nacional e mestra. Queres ler? Bragança Paulista: Ed. Universitária São Francisco, 2004.

Os autores

Antônio Carlos Amorim – Possui graduação em Biologia pela Universidade Federal de Viçosa (1992), tendo realizado mestrado em Educação pela Universidade Estadual de Campinas (1995) e doutorado em Educação nesta mesma Universidade (2000). Atualmente é professor assistente doutor da Universidade Estadual de Campinas, no Departamento de Educação, Conhecimento, Linguagem e Arte, pesquisador no Laboratório de Estudos Audiovisuais (OLHO), pesquisador associado no Laboratório de Estudos Avançados em Jornalismo (LABJOR) e pesquisador associado do Gabinete de Filosofia da Universidade do Porto, Portugal. Sua experiência de investigação é na área de Educação, com ênfase nas relações entre Currículo e Culturas nos espaços escolares e não escolares. Nas pesquisas, busca articulações principalmente entre os seguintes temas: educação, arte e cultura visual; currículo, imagens e pós-estruturalismo. (Currículo Lattes. CNPq. Maio de 2010)

Dirceu Castilho – Possui graduação em Licenciatura e Bacharelado em História pela Universidade Gama Filho (1976), especialização em História da América pela Universidade Federal Fluminense (1980), especialização em Atualização Em Arte Educação pela Universidade Federal do Estado do Rio de Janeiro (1985), mestrado em Educação pela Universidade do Estado do Rio de Janeiro (2001), doutorado em Educação pela Universidade do Estado do Rio de Janeiro (2008), ensino-fundamental-primeiro-grau pela Campanha Nacional de Educandários Gratuitos Colégio José do Patrocínio (1967) e ensino-medio-segundo-grau pelo Colégio Souza Marques (1969). Atualmente é Professor Adjunto da Universidade do Estado do Rio de Janeiro. Tem experiência na área de Educação, atuando principalmente nos seguintes temas: Arquivos Pessoais, Pesquisa em Educação, Formação de Professores, Metodologia da

Pesquisa, Pesquisa no/do/com os cotidianos. (Currículo Lattes. CNPq. Maio de 2010)

Dislane Zerbinatti Moraes – Possui graduação em Ciências Sociais pela Universidade de São Paulo (1980), graduação em História pela Universidade de São Paulo (1986), mestrado em Didática pela Universidade de São Paulo (1996) e doutorado em Letras (Literatura Brasileira) pela Universidade de São Paulo (2003). Atualmente é professora doutora da Faculdade de Educação da Universidade de São Paulo, atuando principalmente nos seguintes temas: metodologia do ensino de história, história da educação e historiografia, formação de professores, fontes literárias no ensino de História e na pesquisa em História da Educação. Na área de História da Educação investiga especialmente a história da profissão docente por meio de fontes autobiográficas, memórias e romances escritos por professores, e de outras fontes impressas como os periódicos educacionais. Tem se dedicado aos estudos sobre as relações entre literatura, história e educação. (Currículo Lattes. CNPq. Maio de 2010)

Ecleide Cunico Furlanetto – Possui graduação em Pedagogia pela Pontifícia Universidade Católica de São Paulo (1982), mestrado em Educação (Psicologia da Educação) pela Pontifícia Universidade Católica de São Paulo (1989) e doutorado em Educação (Currículo) pela Pontifícia Universidade Católica de São Paulo (1997). Atualmente é professora e coordenadora do Programa de Mestrado em Educação da Universidade Cidade de São Paulo – UNICID. Tem experiência na área de Educação, com ênfase em Formação de Professores, desenvolve pesquisas e projetos a respeito de formação de professores, matrizes pedagógicas e aprendizagem de adultos. (Currículo Lattes. CNPq. Maio de 2010)

Gabriel Murillo Arango – Atualmente é professor da Faculdade de Educação da Universidade de Antioquia. Entre suas publicações estão os livros: *Maestros para la vida: personas y ejemplos inolvidables* (editor académico y prólogo), Medellín, ed. Artes y Letras, mayo 15 de 2007; *Maestros contadores de historias* (editor académico y prólogo), Medellín, ed. Artes y Letras, 2008; *Cátedra* *municipal de Donmatías.* Serie de guías didácticas, grados 0° - 11° (coordinador académico), Medellín, 2006 e *Cátedra municipal de Apartadó.* Serie de guías didácticas, grados 0° - 11° (coordinador académico), Medellín, 2006. Seus trabalhos versam principalmente sobre investigação biográfica narrativa, etnografia escolar e formação de professores.

Helena Coharik Chamlian - Possui graduação em Pedagogia (1969), mestrado (1978) e doutorado (1988) em Educação pela Universidade de São Paulo. Atualmente é professora aposentada da Faculdade de Educação da Universidade de São Paulo. Tem experiência na área de Educação, com ênfase em Formação e Desenvolvimento Profissional de Professores, atuando principalmente nos seguintes temas: formação de professores, didática, relação pedagógica, formação continuada e histórias de vida. Além disso, coordena desde 2006 o Grupo de Pesquisa "A profissão docente: desafios contemporâneos". Foi agraciada com o Prêmio Instituto Unibanco 2007, com a pesquisa "A gestão da violência e da diversidade na escola", na Categoria Formação de Professores no Ensino Médio. (Currículo Lattes. CNPq. Maio de 2010)

Helenise Sangoi Antunes - Licenciada em Pedagogia pela Universidade Federal de Santa Maria. Doutora em Educação, pela Universidade Federal do Rio Grande do Sul (2001). Atualmente é Professora Associado I do Departamento de Metodologia do Ensino, do Centro de Educação, da Universidade Federal de Santa Maria. Exerce atividades de pesquisa e ensino vinculadas ao Programa de Pós-Graduação em Educação da Universidade Federal de Santa Maria, em Santa Maria, RS. Tem publicações em anais de Congressos, artigos em periódicos, autoria, coautoria e organização de livros. Desenvolve, na condição de coordenadora local, o Projeto de Pesquisa Interinstitucional coordenado pela Profa. Dra. Cleoni Barboza Fernandes (PUC/RS), intitulada: "Movimentos de configuração curricular de cursos de licenciatura: dilemas e desafios nos processos formativos da Formação Inicial de Professores". Faz parte da Rede Nacional de Formação Continuada financiada pelo MEC.

Coordena o convênio interinstitucional entre o Centro de Alfabetização Leitura e Escrita, coordenado pela Profa. Dra. Francisca Maciel, CEALE/UFMG e o Grupo de Estudo e Pesquisa sobre Formação Inicial, Continuada e Alfabetização-GEPFICA/UFSM, através do Projeto de Pesquisa: "Laboratório de Alfabetização: repensando a formação de professores". Atualmente, orienta o projeto de pesquisa: "Memórias e Relatos autobiográficos de alfabetizadoras: um estudo sobre as cartilhas de alfabetização nas escolas municipais rurais do Rio Grande do Sul/RS", financiado na modalidade Auxílio a Pesquisa-APQ através de recursos financeiros do Edital Universal 2008 do CNPq. (Currículo Lattes. CNPq. Maio de 2010)

Maria Helena Câmara Bastos - Possui graduação em História, pela Universidade Federal do Rio Grande do Sul (1972); mestrado em Educação - Planejamento da Educação, pela Universidade Federal do Rio Grande do Sul (1984); doutorado em Educação - História e Filosofia da Educação, pela Universidade de São Paulo (1994); pós-doutorado no Service d'histoire de l'éducation/SHE-INRP (2000). Professora Titular em História da Educação - UFRGS (1995). Pesquisadora convidada do SHE/INRP (1996 e 2005). Atualmente é professora da Pontifícia Universidade Católica do Rio Grande do Sul. Tem experiência na área de Educação, com ênfase em História da Educação, atuando principalmente nos seguintes temas: ensino laico e liberdade do ensino no século XIX; história de impressos de educação e de ensino; livros, leitura e leitores na escola brasileira. (Currículo Lattes. CNPq. Maio de 2010)

Teresa Cristina Rego - Pedagoga (Pontifícia Universidade Católica - SP, Brasil), Mestre em História e Filosofia da Educação e Doutora em Educação pela Universidade de São Paulo (SP, Brasil), pós-doutora pela Universidad Autónoma de Madrid (Espanha) e Professora de Psicologia da Educação do Departamento de Filosofia da Educação e Ciências da Educação e do Programa de Pós-Graduação em Educação da Faculdade de Educação da Universidade de São Paulo. É editora da Revista *Educação e Pesquisa*, publicação da Faculdade de Educação da mesma Universidade. É pesquisadora do

CNPQ (Conselho Nacional de Desenvolvimento Científico). É autora e organizadora de várias publicações, dentre elas, *Vygotsky: uma perspectiva histórico cultural da educação* (Vozes, 1995) e *Memórias de escola: cultura escolar e constituição de singularidades* (Vozes 2003) e de *Psicologia, Educação e as temáticas da vida contemporânea* (Moderna 2002).

Valeska Fortes de Oliveira - Licenciada em Pedagogia pela Universidade Federal de Santa Maria (1986), Mestre em Educação pela Universidade Federal de Santa Maria (1990) e Doutora em Educação pela Universidade Federal do Rio Grande do Sul (1995). Atualmente é Professora Titular do Departamento de Fundamentos da Educação, do Centro de Educação da Universidade Federal de Santa Maria. É professora credenciada no Programa de Pós-Graduação em Educação e coordenadora da Linha de Pesquisa: Formação, Saberes e Desenvolvimento Profissional. Participa do Comitê Científico do GT 08: Formação de Professores da ANPED. É líder do Grupo de Estudos e Pesquisa em Educação e Imaginário Social - GEPEIS e vice-líder do Grupo de Estudos e Pesquisa em Imaginário, Educação e Memória da UFPEL-RS. Desenvolve pesquisas e projetos de formação nas temáticas: Imaginário social, Educação Básica e Superior, Formação Inicial e Continuada. Pós-Doutora em Ciências da Educação (2007) pela Universidade de Buenos Aires (Argentina), onde coordena um seminário de doutorado intitulado "Imaginário Social e Formação Docente" com alunos da pós-graduação da Faculdade de Filosofia e Letras. Pesquisadora de Produtividade em Pesquisa do CNPq. (Currículo Lattes. CNPq. Maio de 2010)

SOBRE O LIVRO
Formato: 14 x 21 cm
Mancha: 23, 7 x 43,1paicas
Tipologia: Minion Pro 10,5/14,5
Papel: offset 75 g/m2 (miolo)
Cartão Supremo 250 g/m2 (capa)
2010

EQUIPE DE REALIZAÇÃO
Capa e editoração: DB Comunicação
Revisão: Raquel Lazzari Leite Barbosa